AF576544

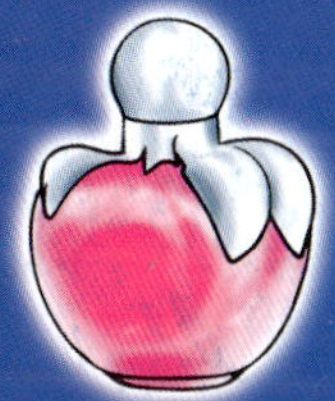

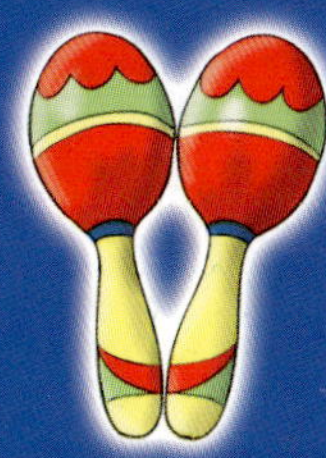

Illustrations :
Lombar & Joe T.

ISBN 978-1-4431-4547-3

Titre original : *1000 words English-French – My bilingual wordbook*

Édition publiée par les Éditions Scholastic, 604, rue King Ouest, Toronto (Ontario) M5V 1E1, avec la permission des Éditions Caramel.

5 4 3 2 1 Imprimé en Malaisie CP161 15 16 17 18 19

1000 mots
anglais - français

Contents
Sommaire

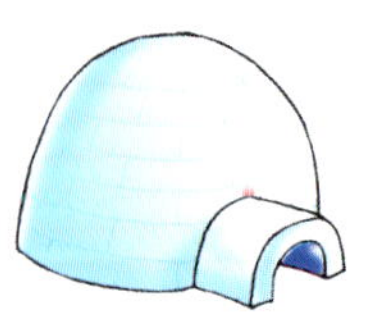

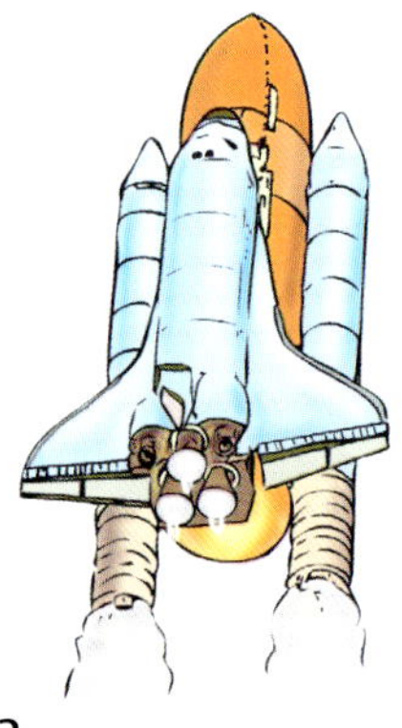

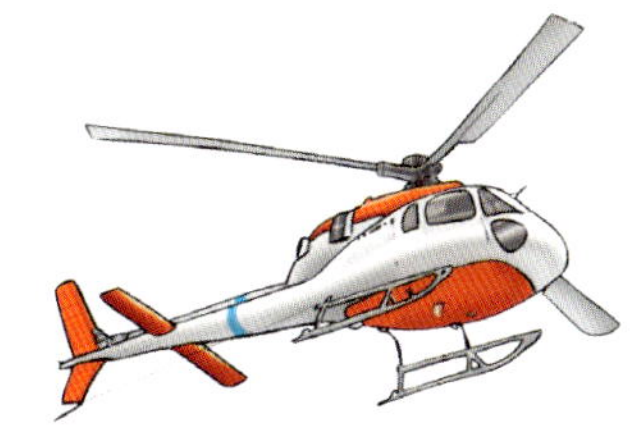

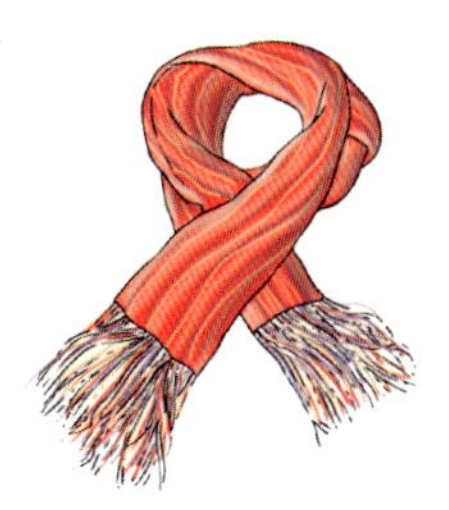

Forest
La forêt

pheasant
le faisan

squirrel
l'écureuil

weasel
la belette

fern
la fougère

woodpecker
le pic

logs
les bûches

woodcutter
le bûcheron

doe
la biche

fawn
le faon

robin
le rouge-gorge

nest
le nid

ants
les fourmis

vole
le campagnol

acorns
les glands

badger
le blaireau

bear
l'ours

fox
le renard

bushes
les buissons

deer
le chevreuil

hedgehog
le hérisson

hare
le lièvre

owl
le hibou

chestnut tree
le marronnier

stag
le cerf

chickadee
la mésange

wolf
le loup

mushrooms
les champignons

wild boar
le sanglier

chestnut
le marron

Mountains in Summer
La montagne en été

hot air balloon
la montgolfière

ibex
le bouquetin

binoculars
les jumelles

paraglider
le parapente

marmot
la marmotte

fir tree
le sapin

chamois
le chamois

chalet
le chalet

hiker
le randonneur

eagle
l'aigle

flag
le drapeau

mountaineer
l'alpiniste

water bottle
la gourde

kayak
le kayak

mouflon
le mouflon

Mountains in Winter
La montagne en hiver

cable car
le téléphérique

chairlift
le télésiège

skier
le skieur

ski lift
le remonte-pente

snowboard
la planche à neige

snowshoe
la raquette

ski suit
la combinaison de ski

snowman
le bonhomme
de neige

husky
le husky

St. Bernard
le saint-bernard

sled
le traîneau

snowmobile
la motoneige

snowplough
le chasse-neige

ice skates
les patins à glace

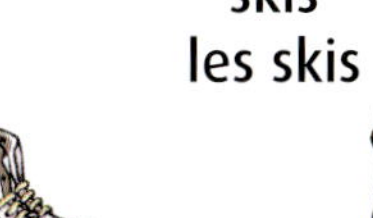

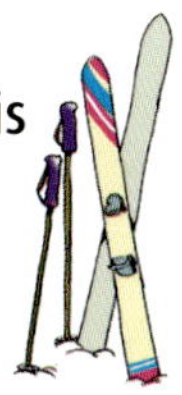

skis
les skis

Farm
La ferme

horse
le cheval

foal
le poulain

stable
l'écurie

rooster
le coq

hen
la poule

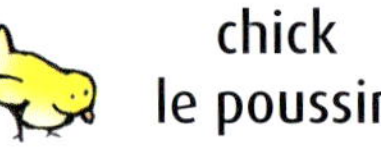

chick
le poussin

egg
l'œuf

henhouse
le poulailler

bull
le taureau

bell
la cloche

cow
la vache

calf
le veau

pig
le cochon

piglet
le porcelet

goat
la chèvre

donkey
l'âne

sheep
le mouton

lamb
l'agneau

cowshed
l'étable

the mill
le moulin

well
le puits

kennel
la niche

barn
la grange

pigeon
le pigeon

pigeon house
le pigeonnier

hutch
le clapier

rabbit
le lapin

guinea fowl
la pintade

turkey
le dindon

tractor
le tracteur

farmer
le fermier

Countryside
La campagne

swallow
l'hirondelle

corn
le maïs

fork
la fourche

scythe
la faux

dandelion
le pissenlit

scarecrow
l'épouvantail

sunflower
le tournesol

beekeeper
l'apiculteur

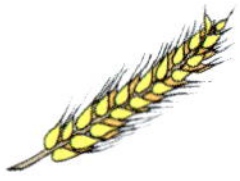

beehive
la ruche

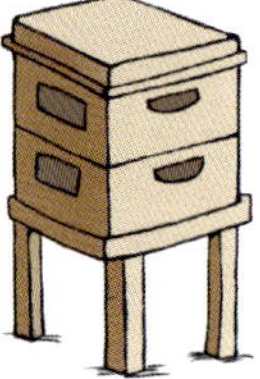

bee
l'abeille

crow
le corbeau

wheat
le blé

drinking
trough
l'abreuvoir

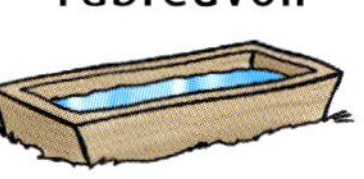

combine harvester
la moissonneuse-
batteuse

bale of straw
le ballot
de paille

River
La rivière

weeping willow
le saule pleureur

bridge
le pont

duck
le canard

duckling
le caneton

barrel
le tonneau

heron
le héron

goose
l'oie

fishing rod
la canne à pêche

water lily
le nénuphar

swan
le cygne

kingfish
le martin-pêcheur

cooler
la glacière

landing net
l'épuisette

toad
le crapaud

boat
la barque

Rainforest
La forêt tropicale

hat
le chapeau

shirt
la chemise

hiking boots
les chaussures de randonnée

stick
le bâton

sloth
le paresseux

rope
la corde

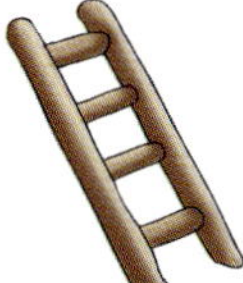

ladder
l'échelle

log cabin
la cabane

toucan
le toucan

armadillo
le tatou

tapir
le tapir

iguana
l'iguane

tarantula
la tarentule

piranha
le piranha

anteater
le fourmilier

anthill
la fourmilière

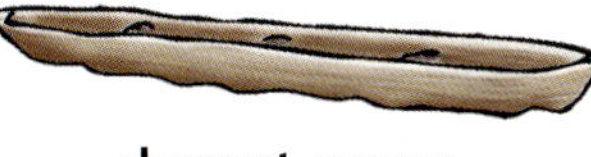

dugout canoe
la pirogue

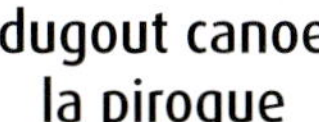

Savanna
La savane

vulture
le vautour

giraffe
la girafe

wildebeest
le gnou

baboon
le babouin

necklace
le collier

Masai
le Masaï

spear
la lance

termite mound
la termitière

termite
le termite

meerkat
le suricate

gazelle
la gazelle

African buffalo
le buffle

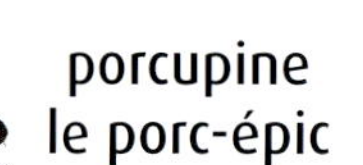

porcupine
le porc-épic

lion
le lion

lion cub
le lionceau

acacia
l'acacia

African wild dog
le lycaon

cheetah
le guépard

hyena
l'hyène

baobab
le baobab

warthog
le phacochère

ostrich
l'autruche

zebra
le zèbre

leopard
le léopard

flamingo
le flamant rose

elephant
l'éléphant

marabou stork
le marabout

hippopotamus
l'hippopotame

rhinoceros
le rhinocéros

Desert
Le désert

Arctic
L'Arctique

iceberg
l'iceberg

whale
la baleine

Inuit
l'Inuit

harpoon
le harpon

anorak
l'anorak

boots
les bottes

narwhal
le narval

igloo
l'igloo

reindeer
le renne

arctic fox
le renard polaire

walrus
le morse

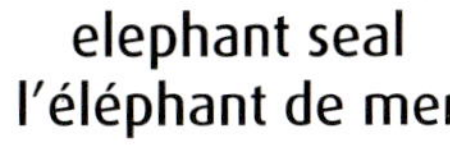
elephant seal
l'éléphant de mer

musk ox
le bœuf musqué

polar bear
l'ours polaire

seal
le phoque

Sea Animals
Les animaux marins

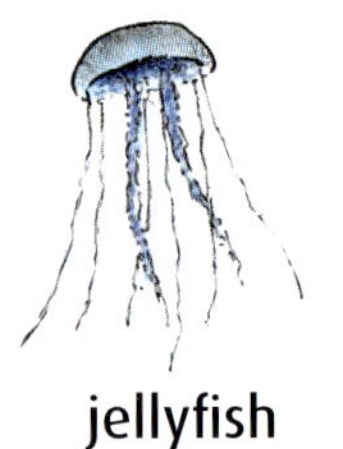
jellyfish
la méduse

clownfish
le poisson-clown

porcupinefish
le poisson-hérisson

crab
le crabe

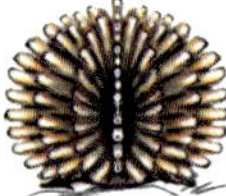
sea urchin
l'oursin

seahorse
l'hippocampe

lobster
le homard

star fish
l'étoile de mer

hermit crab
le bernard-l'ermite

shark
le requin

dolphin
le dauphin

octopus
la pieuvre

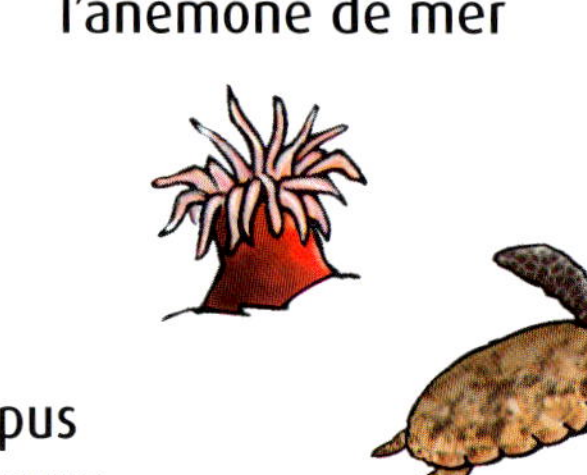
sea anemone
l'anémone de mer

sea turtle
la tortue marine

moray eel
la murène

coral
le corail

Insects
Les insectes

Birds
Les oiseaux

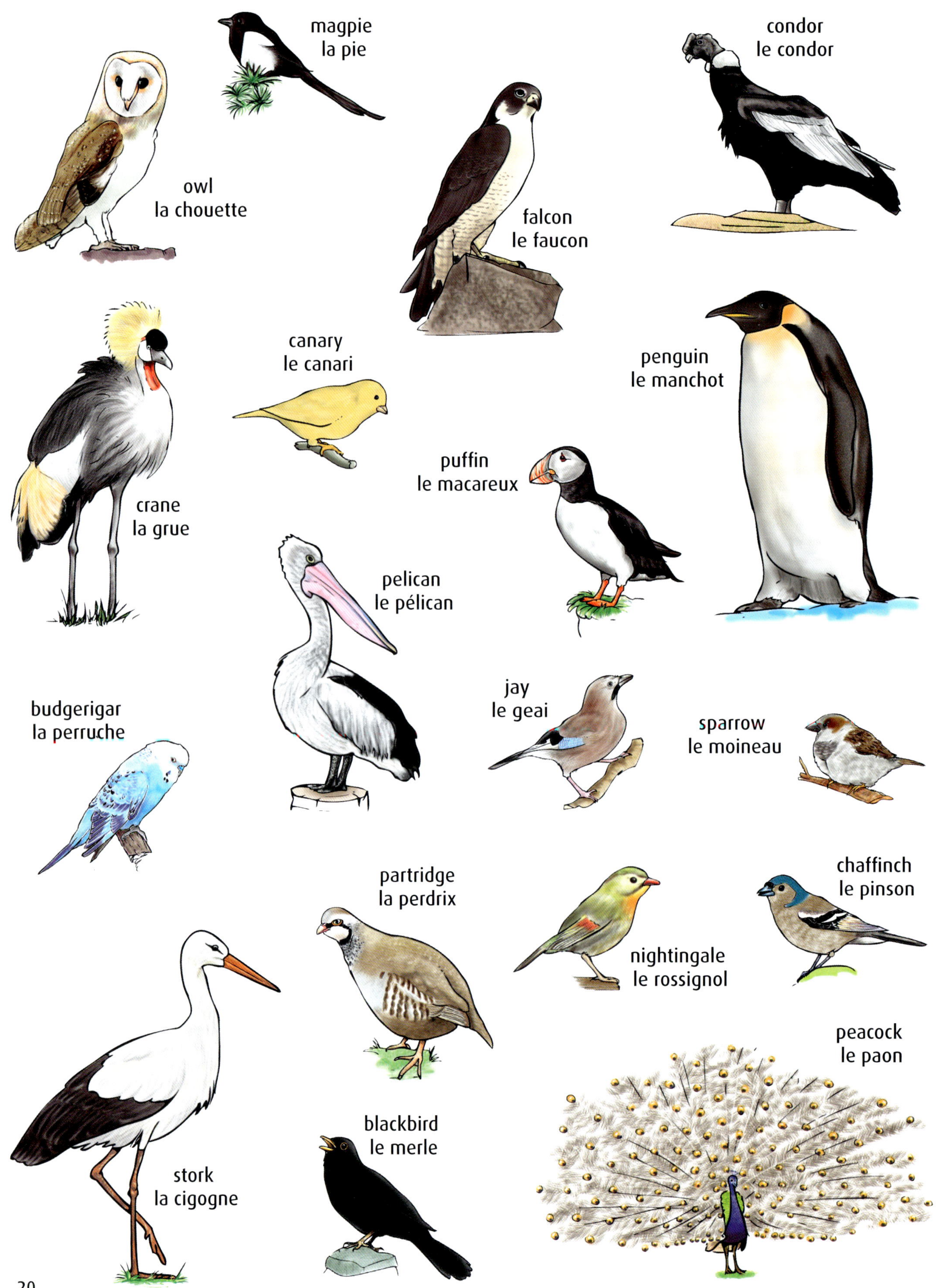

Space
L'espace

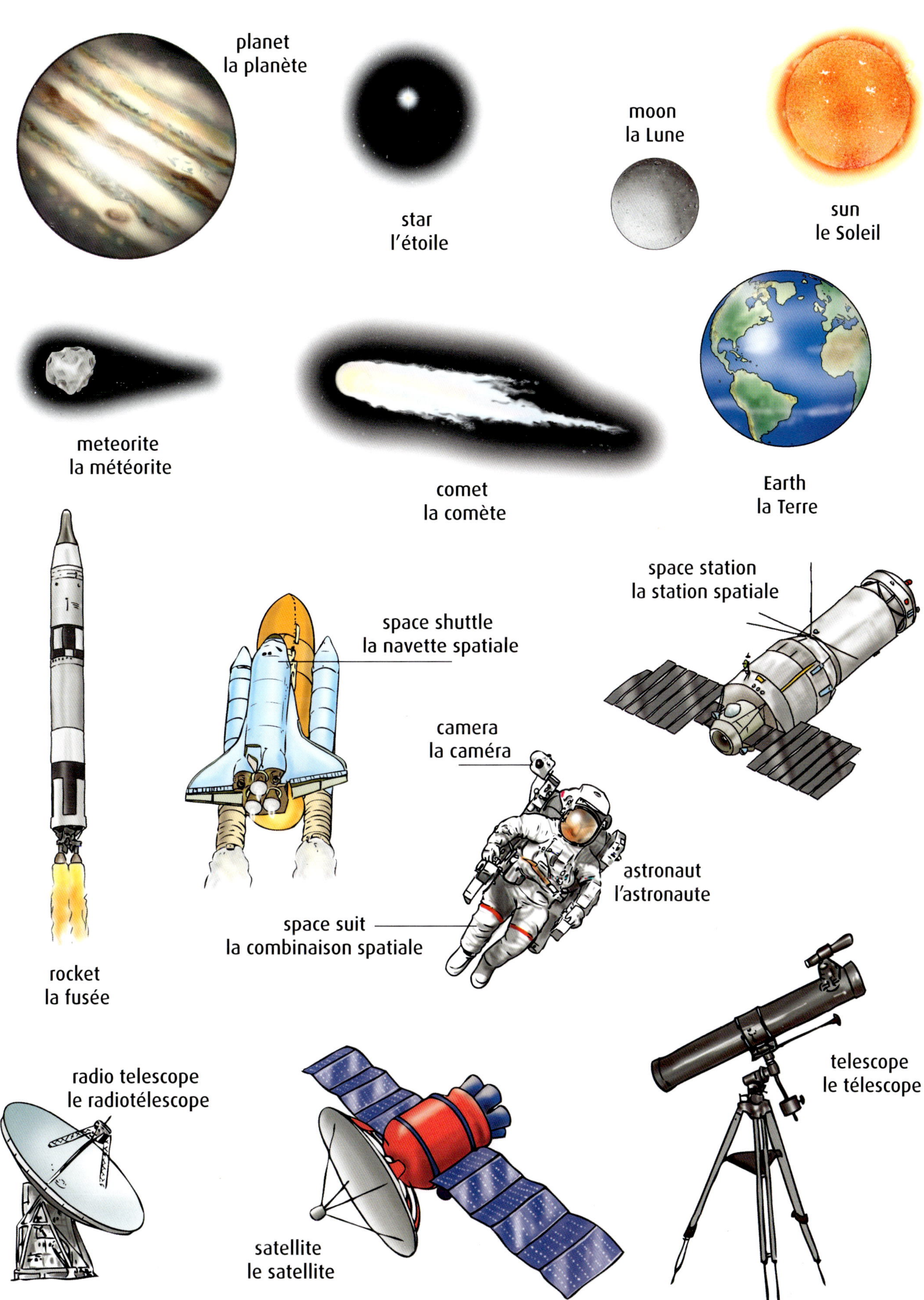

Daycare
La garderie

rainbow
l'arc-en-ciel

playmat
le tapis de jeu

bib
le bavoir

growth chart
la toise

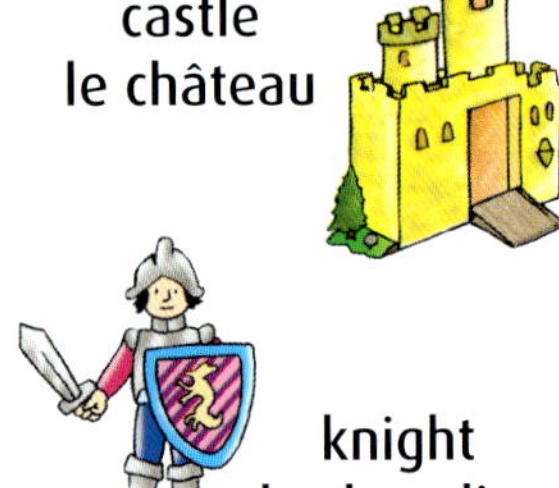

castle
le château

knight
le chevalier

rocking horse
le cheval à bascule

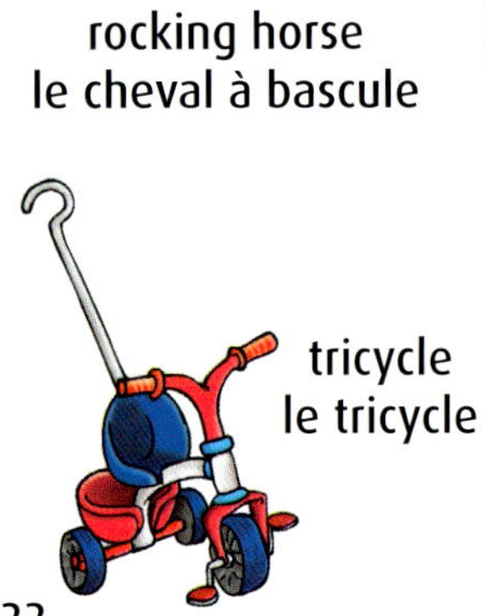

tricycle
le tricycle

teething ring
l'anneau de dentition

potty
le pot

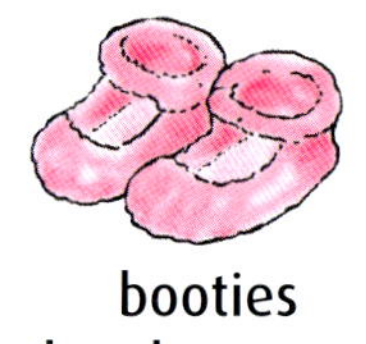

booties
les chaussons

playpen
le parc

cube
le cube

toy rattle
le hochet

pacifier
la sucette

teddy bear
l'ours en peluche

spinning top
la toupie

stroller
la poussette

baby bottle
le biberon

puppet
la marionnette

mobile
le mobile

sleeper
la grenouillère

crib
le lit à barreaux

baby
le bébé

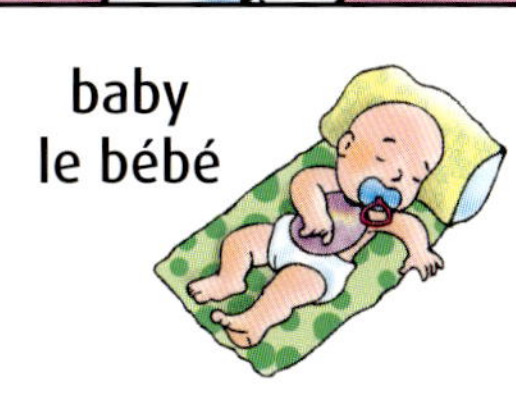

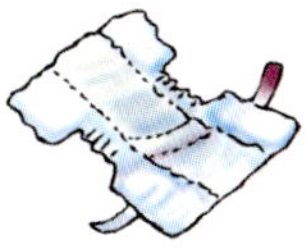

diaper
la couche

pillow
l'oreiller

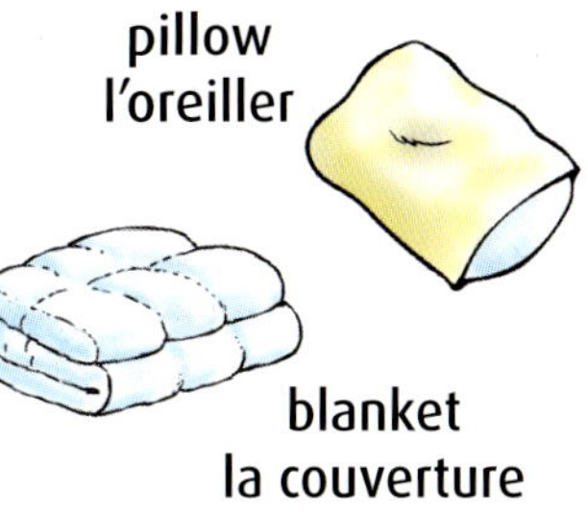

blanket
la couverture

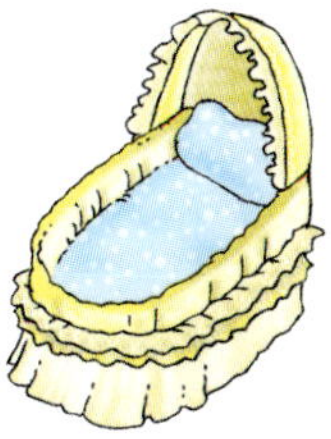

cradle
le berceau

child care
provider
l'éducatrice

Birthday Party
La fête d'anniversaire

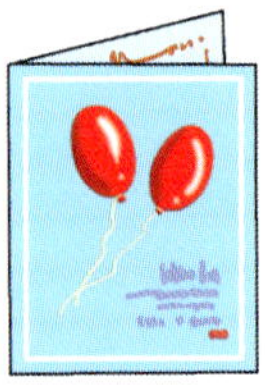

birthday card
la carte d'anniversaire

party balloon
le ballon

garland
la guirlande

confetti
les confettis

mask
le masque

lollipop
le suçon

cookie
le biscuit

candy
le bonbon

candle
la bougie

birthday cake
le gâteau d'anniversaire

gift
le cadeau

ribbon
le ruban

plastic cup
le gobelet

fruit juice
le jus de fruits

crown
la couronne

camera
l'appareil photo

Child's Room
La chambre d'enfant

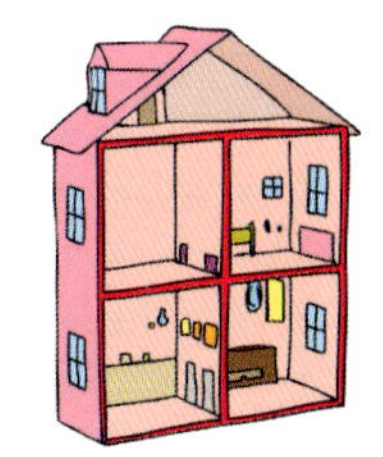

dollhouse
la maison de poupée

night light
la veilleuse

tea set
le service à thé

piggy bank
la tirelire

comic book
la bande dessinée

puzzle
le casse-tête

doll
la poupée

robot
le robot

toy box
le coffre à jouets

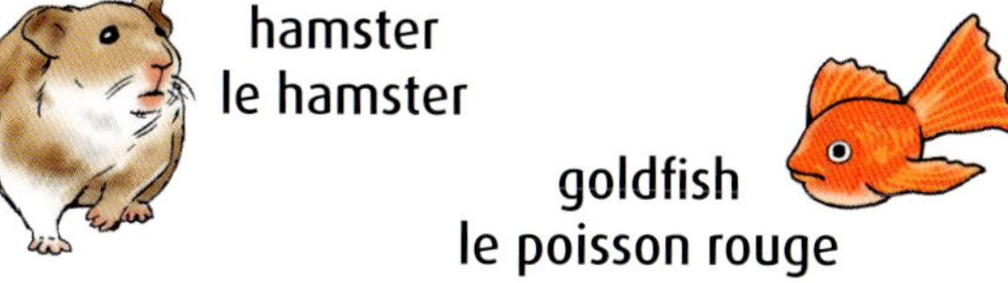

hamster
le hamster

goldfish
le poisson rouge

coat rack
le porte-manteau

aquarium
l'aquarium

electric train
le train électrique

cat
le chat

Playroom
La salle de jeux

garage
le garage

toy car
la petite voiture

marble
la bille

remote controlled car
la voiture téléguidée

jetton
le jeton

pawn
le pion

board game
le jeu de société

dice
le dé

video game console
la console de jeux vidéo

tablet
la tablette

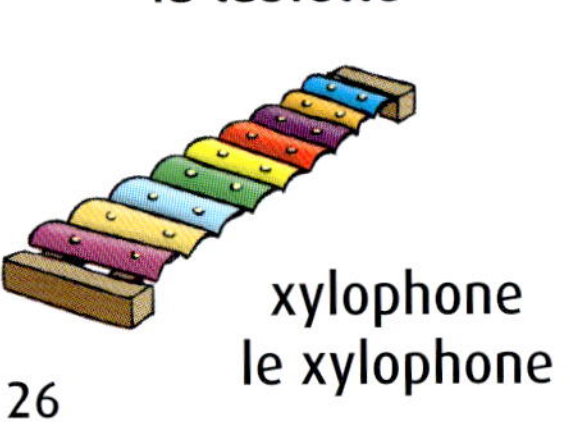

xylophone
le xylophone

mike
le micro

table football
le baby-foot

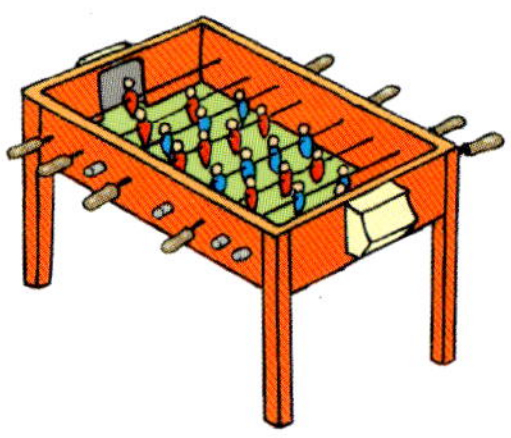

yo-yo
le yo-yo

deck of cards
le jeu de cartes

dart
la fléchette

target
la cible

Living Room
Le salon

book shelves
les étagères

clock
l'horloge

birdcage
la cage

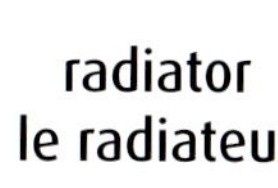

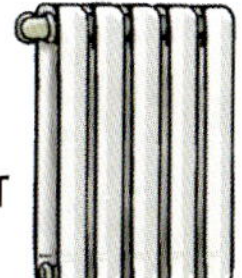

radiator
le radiateur

sculpture
la sculpture

plant
la plante

vase
le vase

floor lamp
le lampadaire

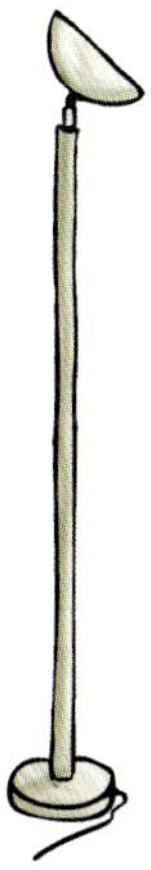

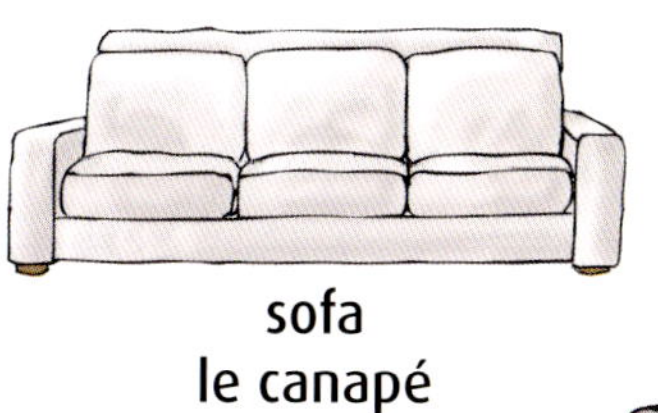

sofa
le canapé

carpet
le tapis

armchair
le fauteuil

sound system
le système de son

loudspeaker
le haut-parleur

remote control
la télécommande

television
la télévision

magazine
le magazine

Bedroom
La chambre à coucher

bed
le lit

dresser
la commode

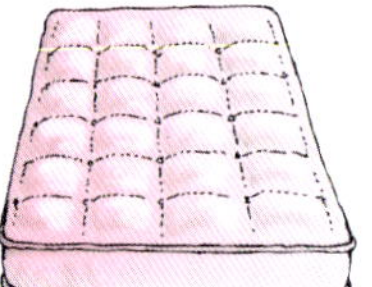

mattress
le matelas

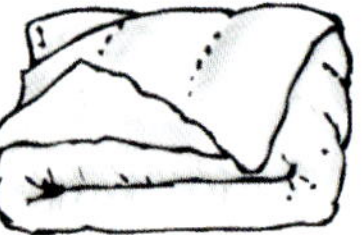

duvet
la douillette

hanger
le cintre

wardrobe
la penderie

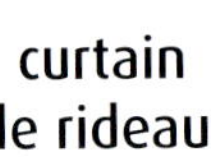

curtain
le rideau

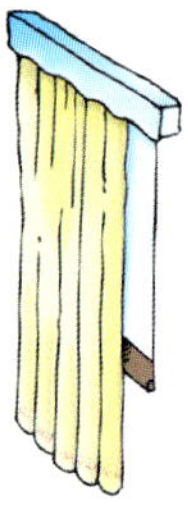

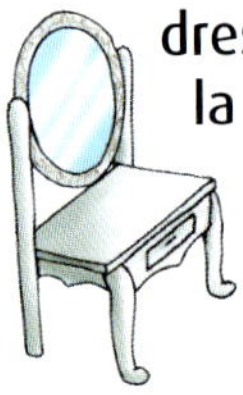

dressing table
la coiffeuse

stool
le tabouret

painting
le tableau

book
le livre

picture frame
le cadre

alarm clock
le réveil

baby monitor
le moniteur
pour bébé

bedside lamp
la lampe de chevet

Study
Le bureau

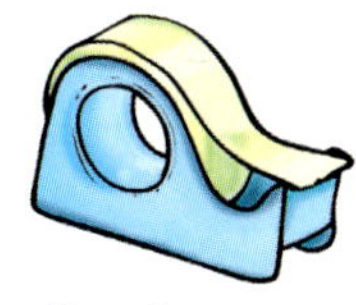

adhesive tape
le ruban adhésif

glasses
les lunettes

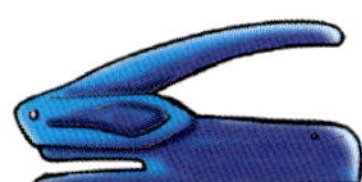

stapler
l'agrafeuse

ring binder
le classeur

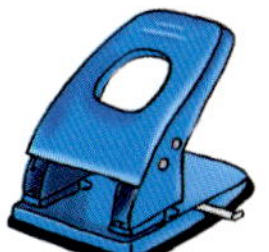

hole punch
la perforatrice

paper clip
le trombone

drawing pin
la punaise

dictionary
le dictionnaire

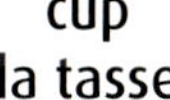

cup
la tasse

saucer
la soucoupe

computer
l'ordinateur

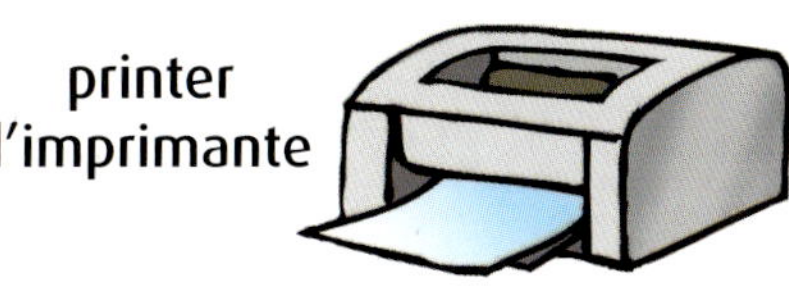

printer
l'imprimante

desk
le bureau

phone
le téléphone

keyboard
le clavier

mouse
la souris

wastepaper bin
la corbeille à papier

Kitchen
La cuisine

teapot
la théière

kitchen timer
la minuterie

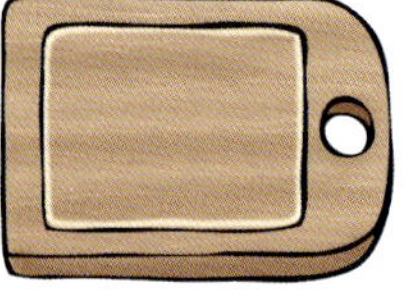

chopping board
la planche à découper

frying pan
la poêle

cooking pot
la marmite

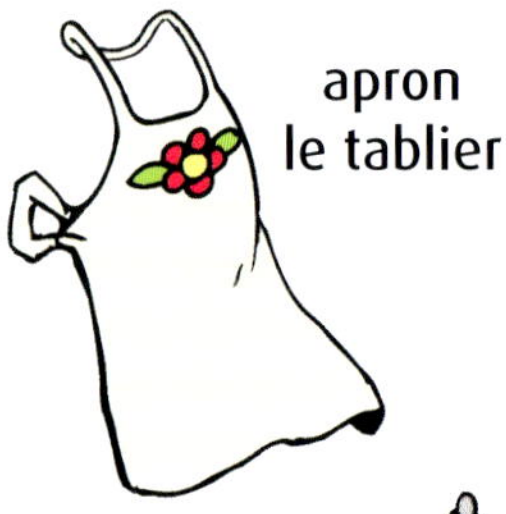

apron
le tablier

ladle
la louche

tray
le plateau

salad bowl
le saladier

knife
le couteau

spoon
la cuillère

fork
la fourchette

rolling pin
le rouleau à pâtisserie

pie plate
le moule à tarte

lemon squeezer
le presse-citron

colander
la passoire

saucepan
la casserole

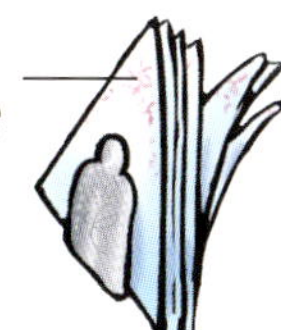
napkin
la serviette

bowl
le bol

corkscrew
le tire-bouchon

bottle
la bouteille

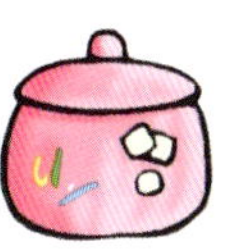
sugar bowl
le sucrier

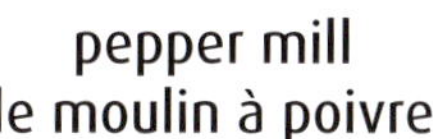
pepper mill
le moulin à poivre

salt shaker
la salière

grater
la râpe

pitcher
la carafe

glass
le verre

whisk
le fouet

fridge
le réfrigérateur

tablecloth
la nappe

table
la table

microwave oven
le four à micro-ondes

peeler
l'éplucheur

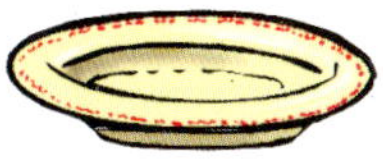

plate
l'assiette

toaster
le grille-pain

Bathroom
La salle de bain

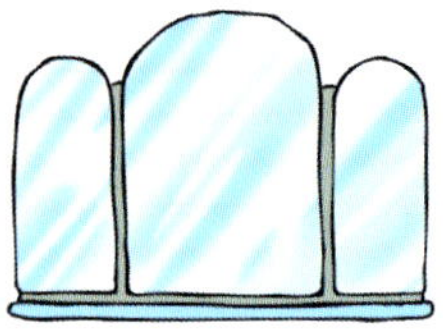

mirror
le miroir

bath
la baignoire

shower head
le pommeau
de douche

bath towel
la serviette de bain

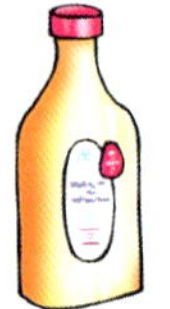

shampoo
le shampooing

hair dryer
le séchoir à cheveux

bathing cap
le bonnet de douche

tap
le robinet

sink
le lavabo

perfume
le parfum

wash glove
le gant de toilette

hairbrush
la brosse à cheveux

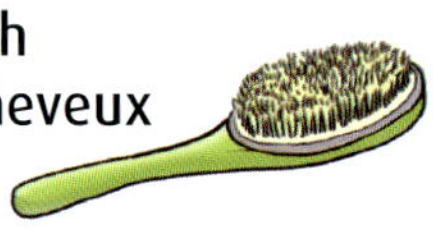

soap
le savon

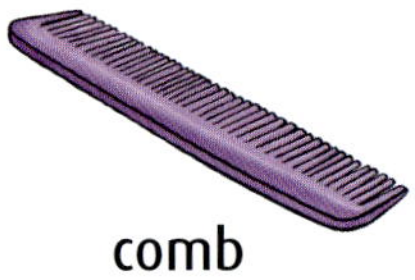

comb
le peigne

toothpaste
le dentifrice

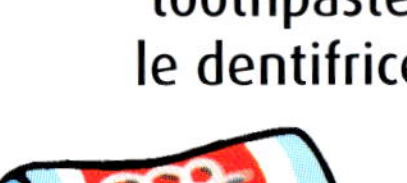

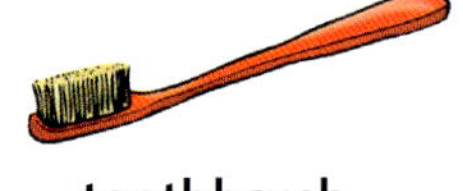

toothbrush
la brosse à dents

Laundry Room
La buanderie

vacuum cleaner
l'aspirateur

mop
le balai à franges

bucket
le seau

squeegee
le racloir

broom
le balai

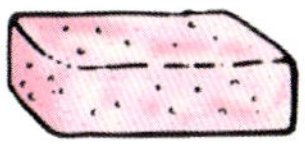

sponge
l'éponge

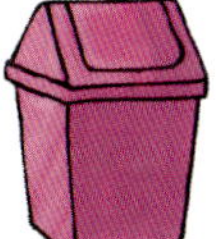

garbage bin
la poubelle

brush
la brosse

dustpan
le porte-poussière

laundry basket
le panier à linge

drying rack
le séchoir à linge

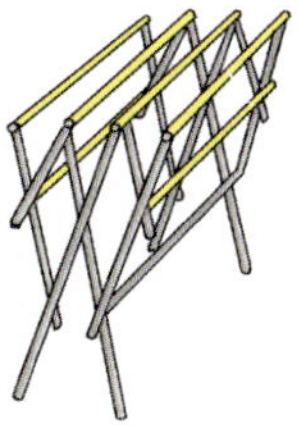

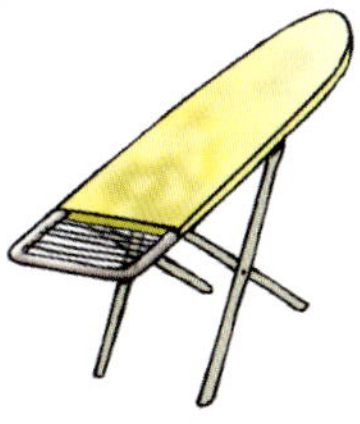

ironing board
la planche à repasser

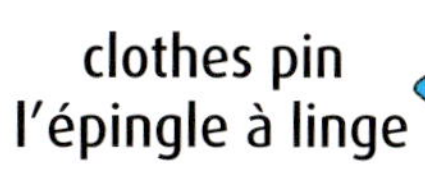

clothes pin
l'épingle à linge

iron
le fer à repasser

laundry detergent
le détergent à lessive

washing machine
la machine à laver

Attic
Le grenier

top hat
le haut-de-forme

cloak
la cape

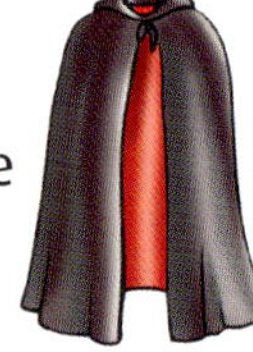

crystal ball
la boule de cristal

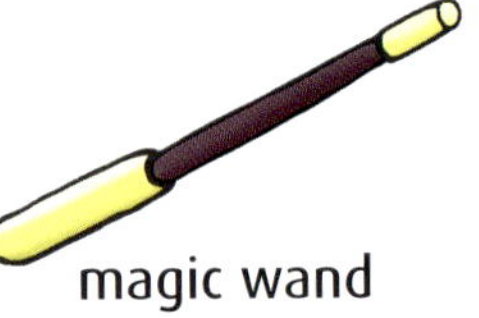

magic wand
la baguette magique

mannequin
le mannequin

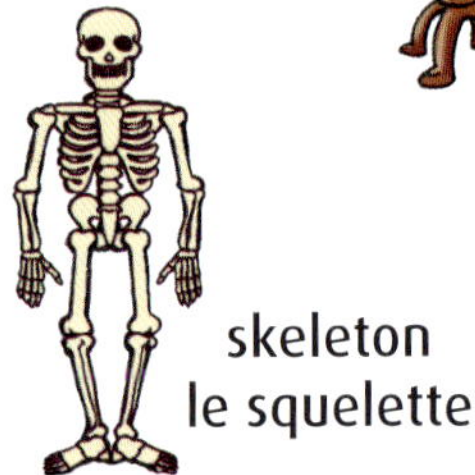

skeleton
le squelette

rocking chair
la chaise berçante

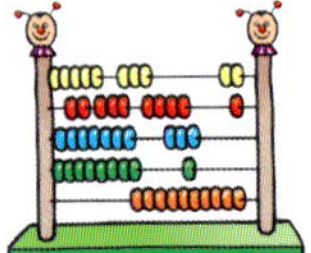

abacus
le boulier

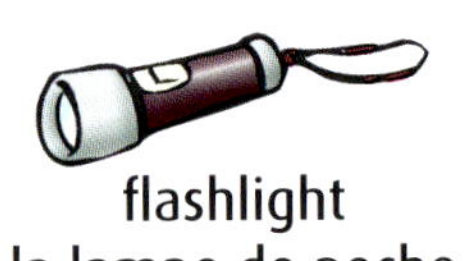

flashlight
la lampe de poche

light bulb
l'ampoule

trunk
la malle

fan
le ventilateur

spider
l'araignée

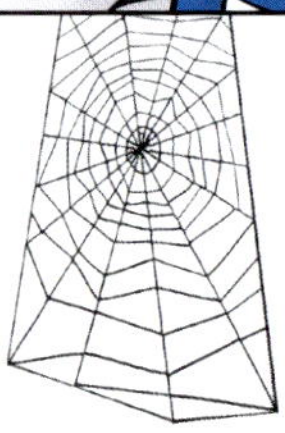

spider web
la toile d'araignée

mouse
la souris

Garage
Le garage

hammer
le marteau

nail
le clou

saw
la scie

bolt
le boulon

power drill
la perceuse

screwdriver
le tournevis

screw
la vis

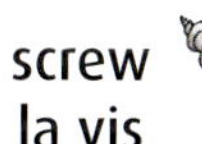

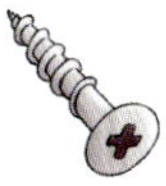

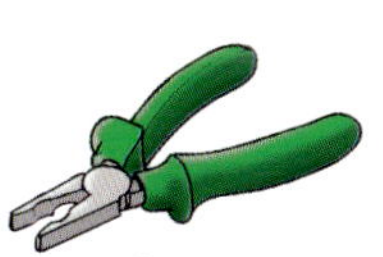

pliers
la pince

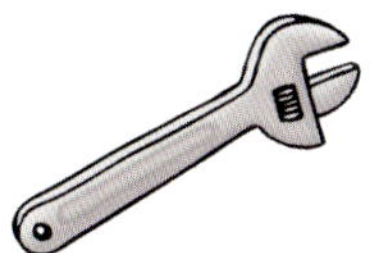

monkey wrench
la clé à molette

jack
le cric

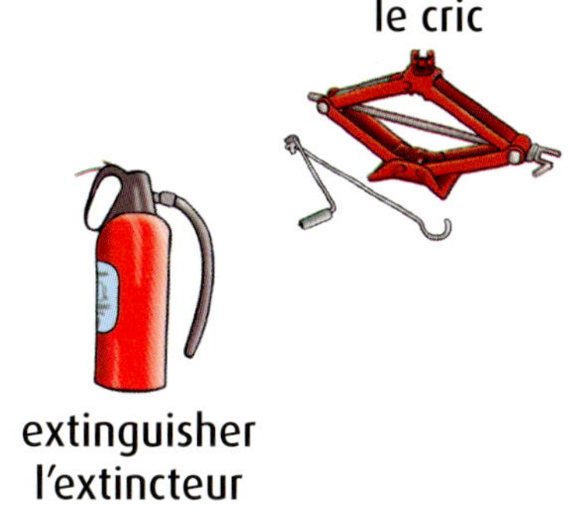

extinguisher
l'extincteur

tire
le pneu

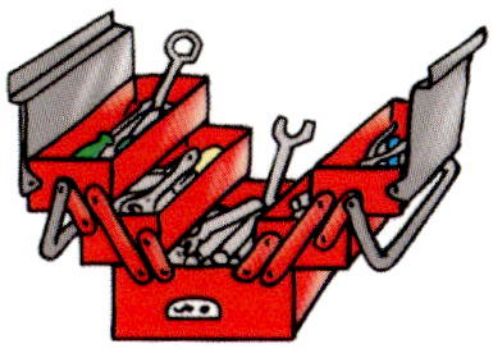

toolbox
la boîte à outils

keychain
le porte-clés

key
la clé

car
la voiture

Circus
Le cirque

big top
le chapiteau

contortionist
la contorsionniste

tightrope walker
le funambule

juggler
le jongleur

ringmaster
le maître de cirque

fire-breather
le cracheur de feu

clown
le clown

magician
le magicien

poodle
le caniche

hoop
le cerceau

pony
le poney

trapeze
le trapèze

trapezist
le trapéziste

net
le filet

popcorn
le maïs soufflé

Fair
La fête foraine

merry-go-round
le carrousel

gondola
la nacelle

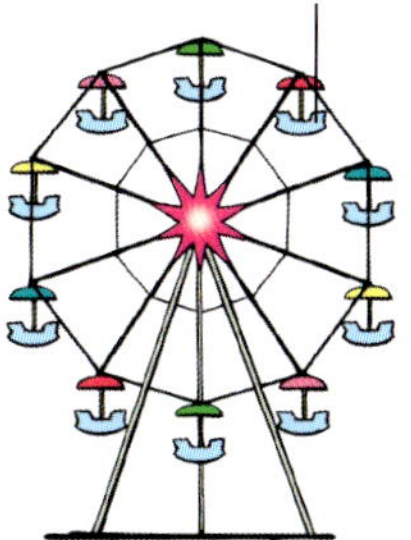

Ferris wheel
la grande roue

ghost
le fantôme

French fries
les frites

candy floss
la barbe à papa

doughnut
le beigne

candy apple
la pomme au caramel

Hook a Duck stall
la pêche aux canards

hot dog
le hot-dog

bumper car
l'auto tamponneuse

skull and crossbones
la tête de mort

pirate ship
le bateau pirate

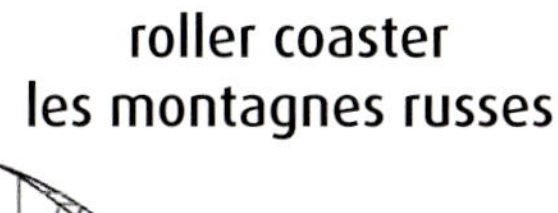

roller coaster
les montagnes russes

shooting stand
le stand de tir

Beach
La plage

sand castle
le château de sable

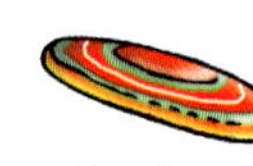

frisbee
le disque volant

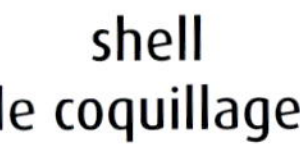

shell
le coquillage

kite
le cerf-volant

beach umbrella
le parasol

beach hut
la cabine de plage

life saver
la bouée de sauvetage

life jacket
le gilet de sauvetage

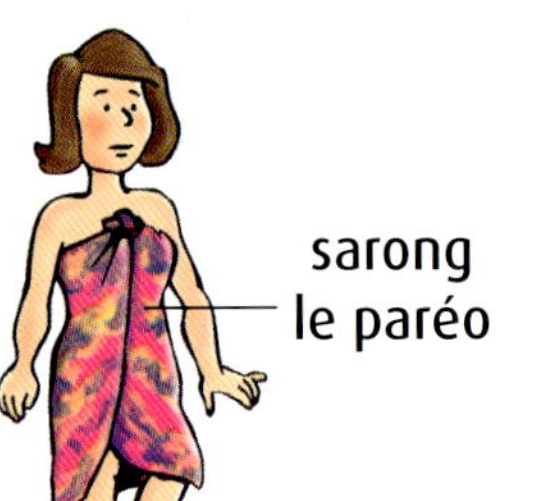

sarong
le paréo

flip-flops
les tongs

sunglasses
les lunettes de soleil

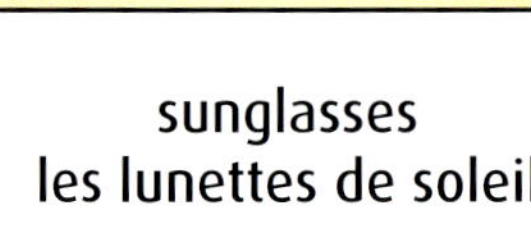

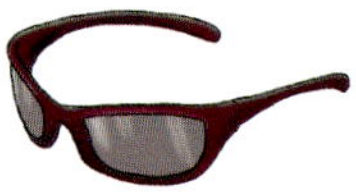

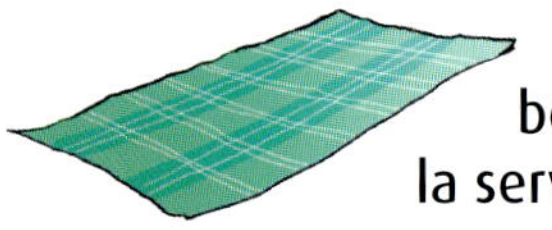

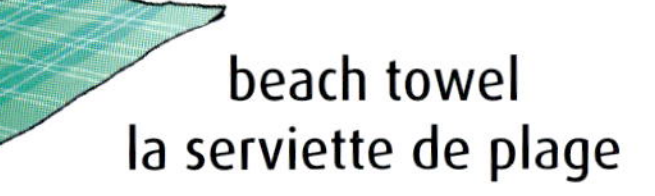

beach towel
la serviette de plage

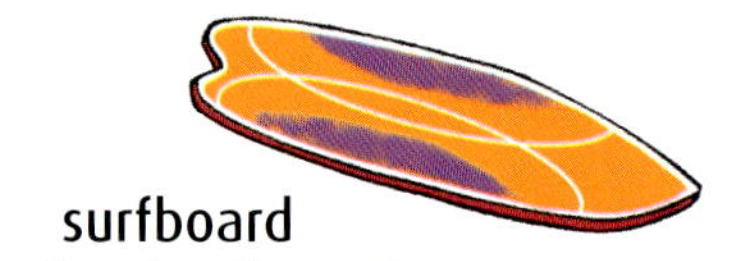

surfboard
la planche de surf

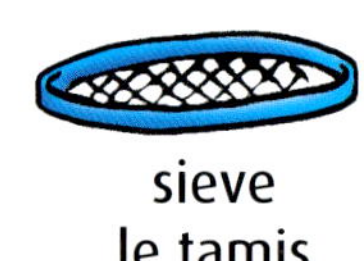

sieve
le tamis

seagull
la mouette

pedalo
le pédalo

inflatable boat
le canot pneumatique

sailboat
le voilier

windsurf
la planche à voile

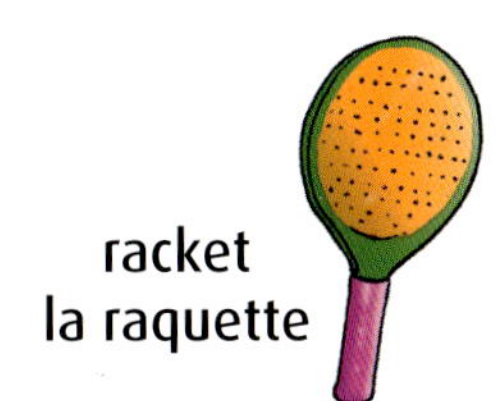

racket
la raquette

diving mask
le masque de plongée

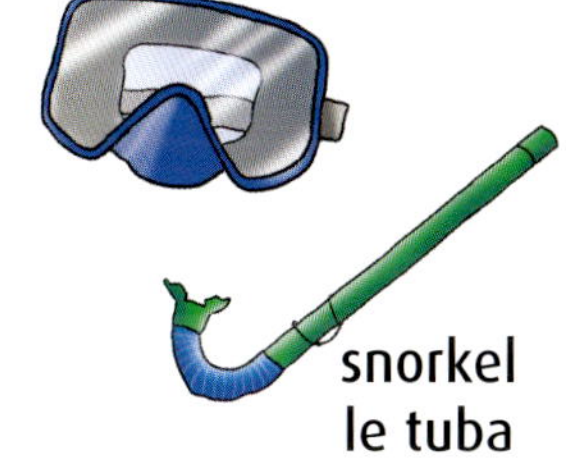

snorkel
le tuba

flippers
les palmes

whistle
le sifflet

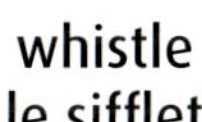

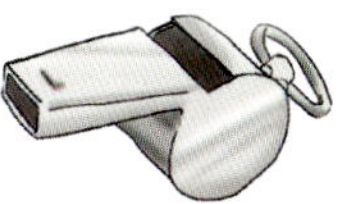

beach chair
la chaise pliante

air mattress
le matelas pneumatique

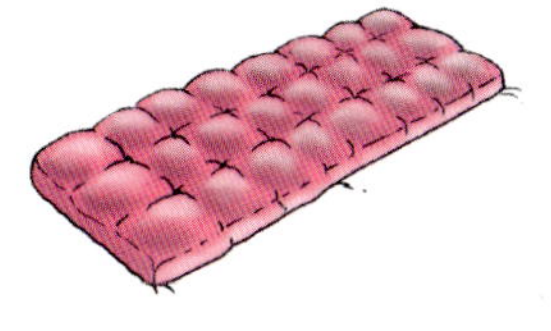

sunscreen
l'écran solaire

swimsuit
le maillot de bain

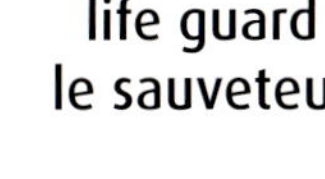

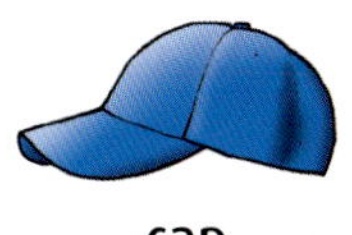

cap
la casquette

life guard
le sauveteur

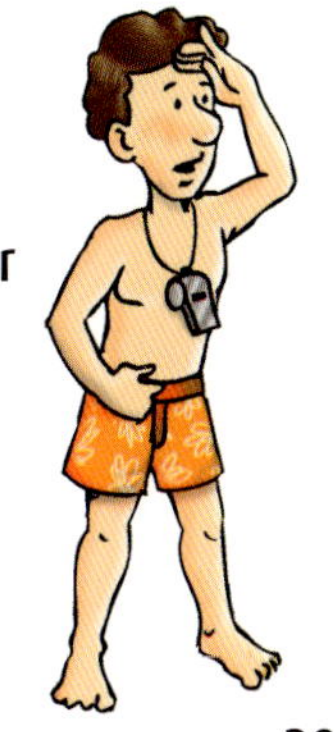

Sports
Les sports

water polo
le water-polo
running
la course à pied
climbing
l'escalade
swimming
la natation
karate
le karaté
judo
le judo
boxing
la boxe
fencing
l'escrime
baseball
le base-ball
volleyball
le volley-ball
basketball
le basket-ball
rugby
le rugby
soccer
le soccer

Harbor
Le port

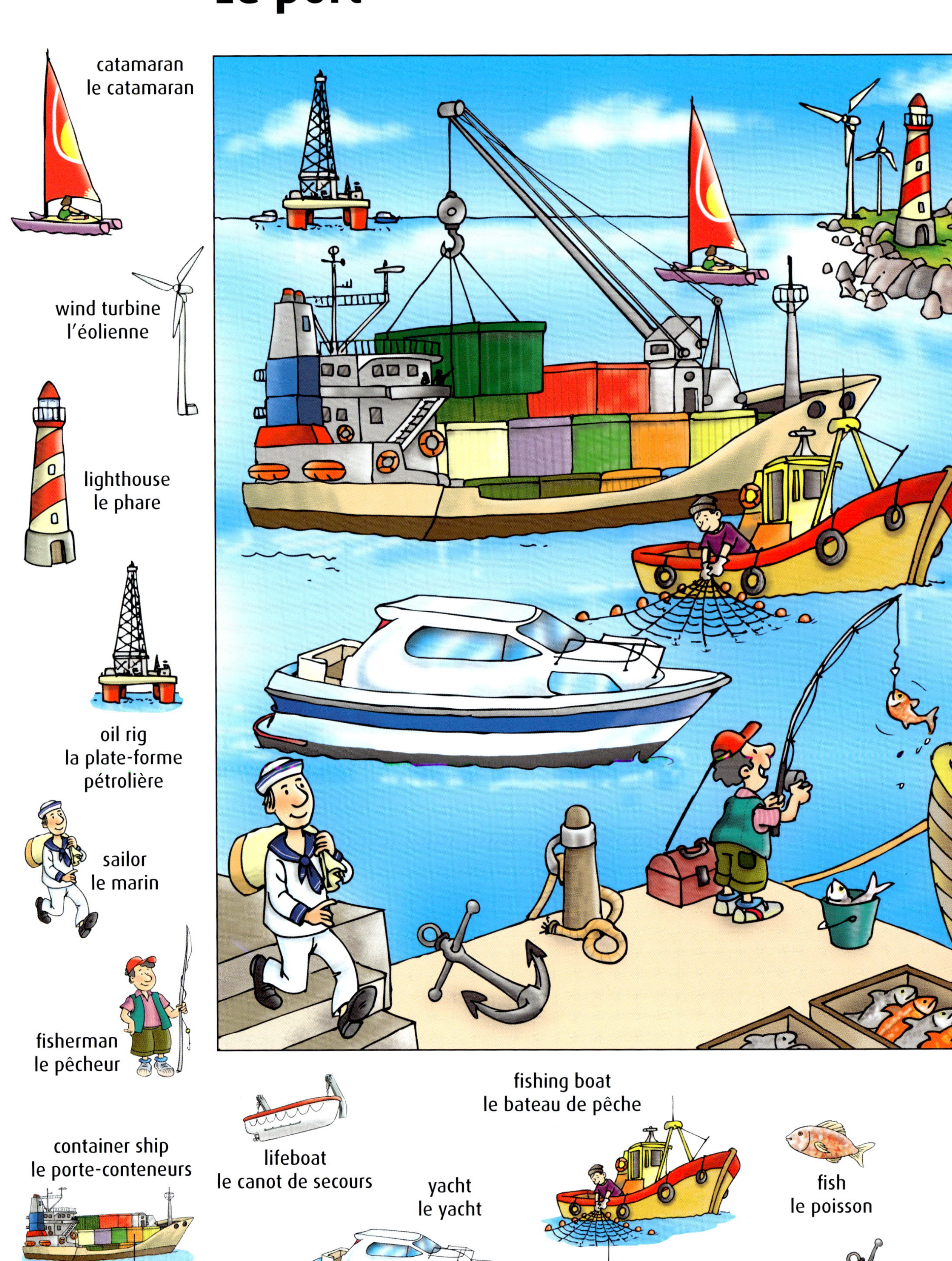

Airport
L'aéroport

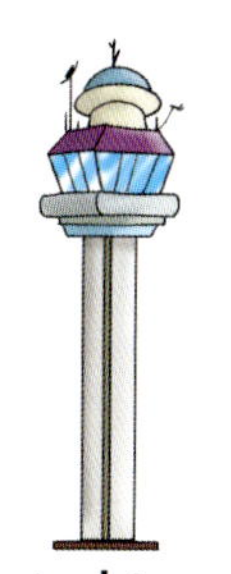

control tower
la tour de contrôle

suitcase
la valise

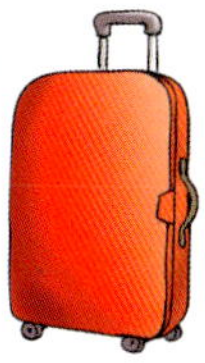

flight attendant
l'agente de bord

watch
la montre

laptop
l'ordinateur portable

passport
le passeport

mobile phone
le téléphone cellulaire

backpack
le sac à dos

staircase
l'escalier d'accès

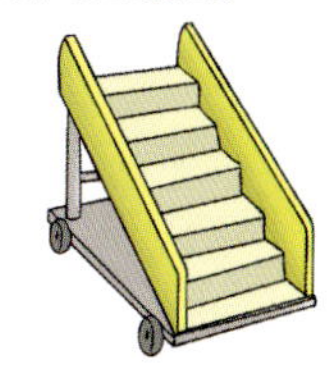

aeroplane
l'avion

tanker truck
le camion-citerne

luggage trailer
la remorque à bagages

pilot
le pilote

uniform
l'uniforme

Transport
Les moyens de transport

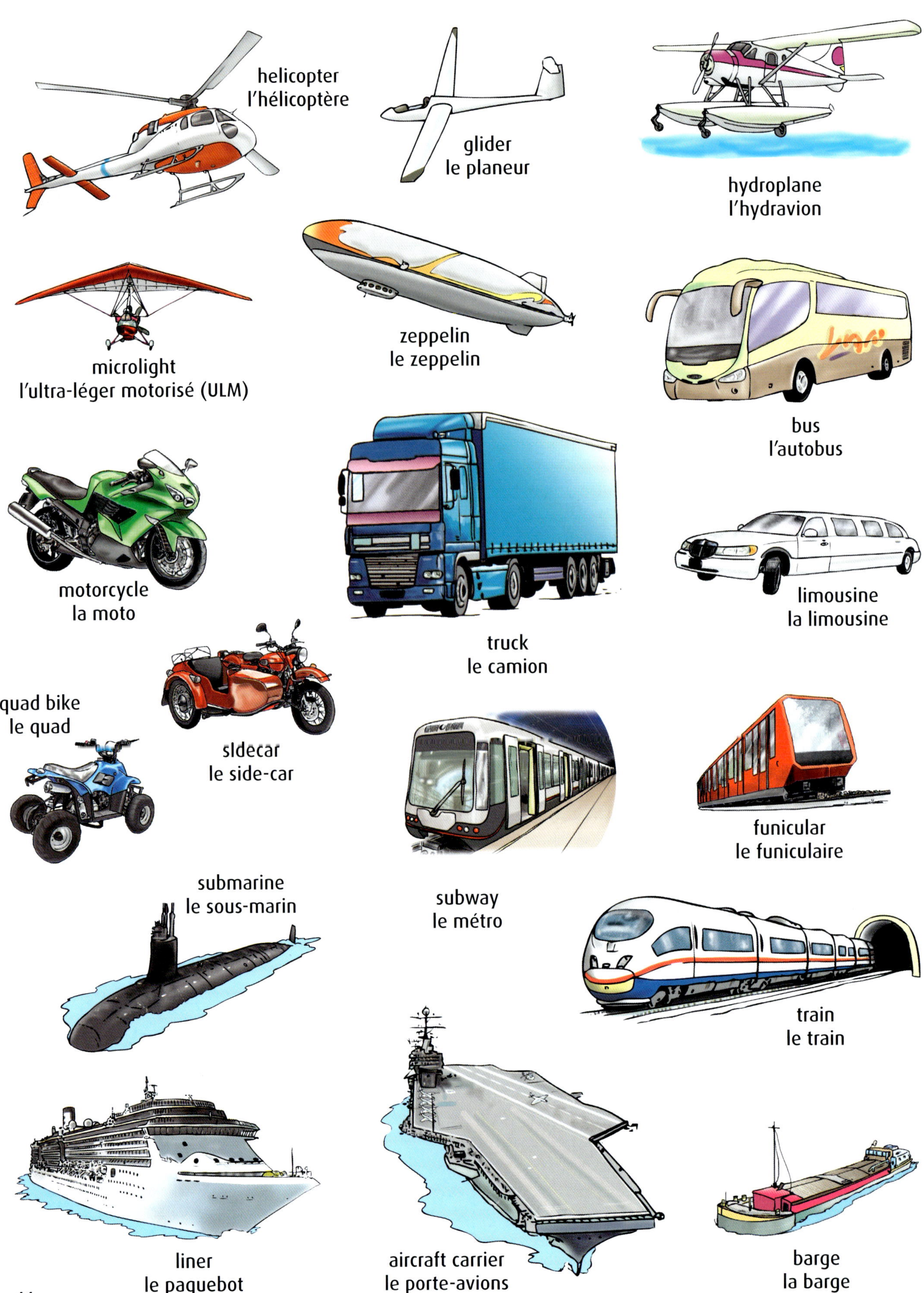

Building Site
Le chantier de construction

crane
la grue

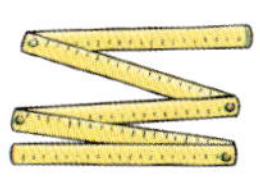

ruler
le mètre pliant

level
le niveau

pick
la pioche

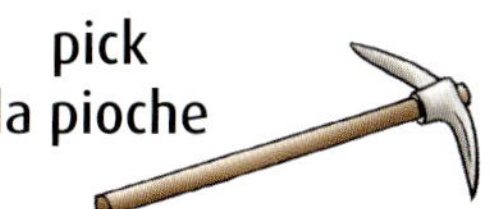

bricklayer
le maçon

trowel
la truelle

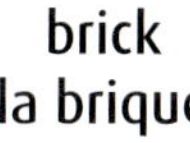

brick
la brique

scaffolding
l'échafaudage

excavator
la pelleteuse

dump truck
le camion à benne

bulldozer
le bulldozer

caterpillar
la chenille

concrete mixer truck
le camion malaxeur

cement mixer
la bétonnière

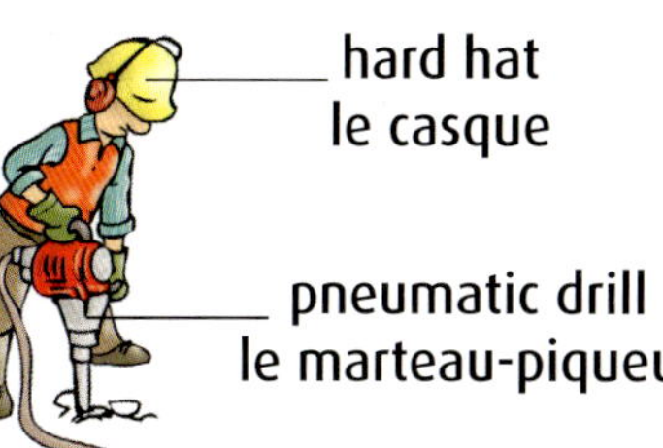

hard hat
le casque

pneumatic drill
le marteau-piqueur

Hospital
L'hôpital

medicine
les médicaments

tray
le chariot

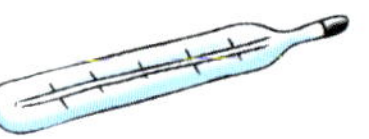

thermometer
le thermomètre

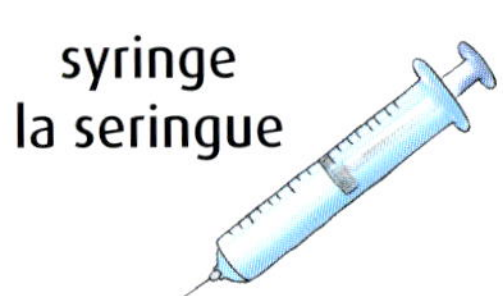

syringe
la seringue

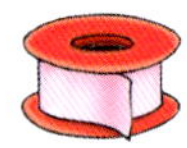

plaster
le pansement

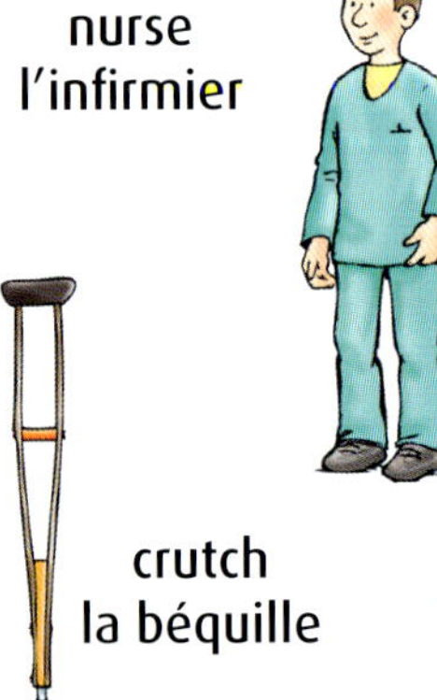

nurse
l'infirmier

crutch
la béquille

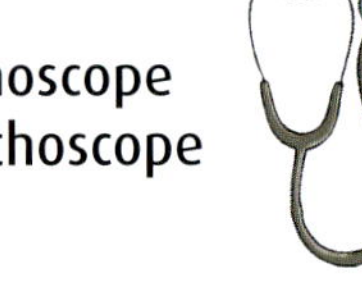

stethoscope
le stéthoscope

doctor
la docteure

rotating light
le gyrophare

ambulance
l'ambulance

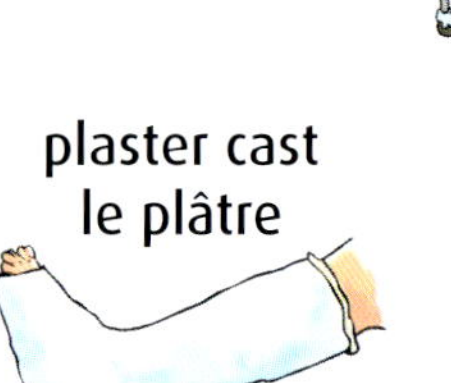

plaster cast
le plâtre

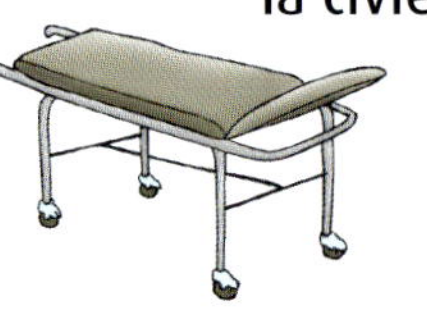

stretcher
la civière

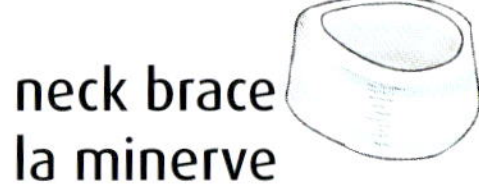

neck brace
la minerve

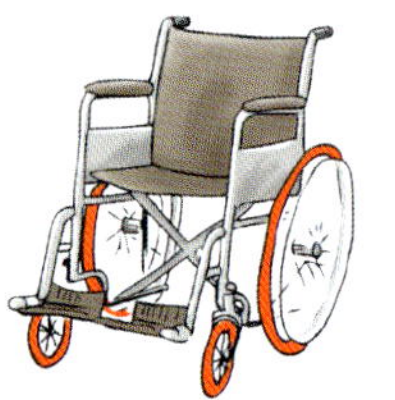

wheelchair
le fauteuil roulant

Park
Le parc

birdhouse
le nichoir

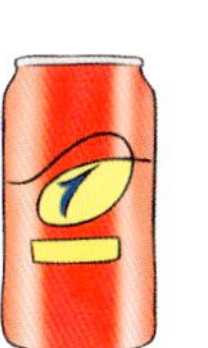

can
la canette

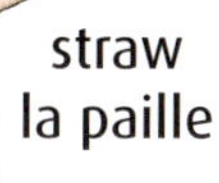

straw
la paille

ice cream cone
le cornet de
crème glacée

newspaper
le journal

sandwich
le sandwich

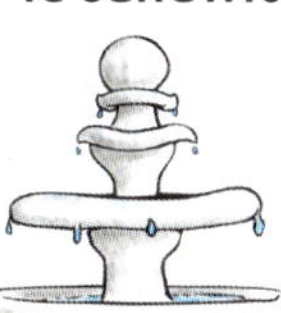

fountain
la fontaine

waffle
la gaufre

basket
le panier

skateboard
la planche à
roulettes

scooter
la trottinette

rollerblade
le patin à roues
alignées

pond
l'étang

moorhen
la poule d'eau

frog
la grenouille

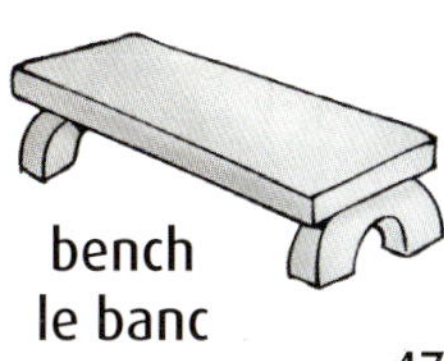

bench
le banc

Playground
L'aire de jeux

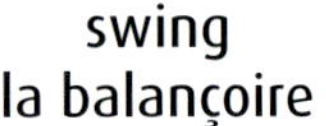

swing
la balançoire

Hula Hoop
le cerceau

skipping rope
la corde à danser

seesaw
la balançoire à bascule

slide
la glissoire

spring rider
le cheval à ressort

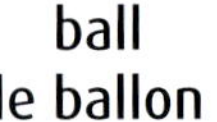

ball
le ballon

basketball basket
le panier de basket-ball

beach mould
le moule à sable

sandbox
le bac à sable

hairband
le serre-tête

shovel
la pelle

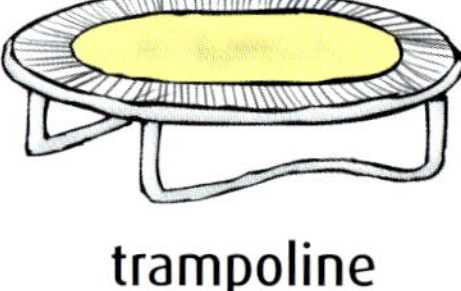

trampoline
le trampoline

merry-go-round
le tourniquet

zip-line
la tyrolienne

Clothes
Les vêtements

toque
la tuque

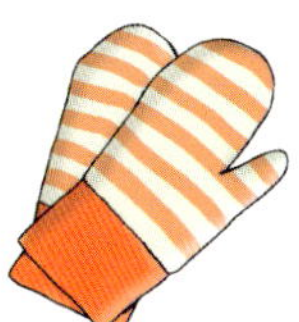
mittens
les mitaines

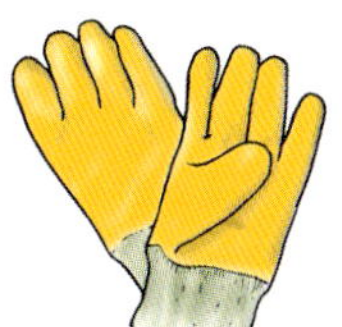
gloves
les gants

jacket
la veste

tie
la cravate

scarf
le foulard

overalls
la salopette

tee-shirt
le tee-shirt

polo shirt
le polo

bow-tie
le nœud papillon

belt
la ceinture

pullover
le chandail

shorts
le short

running shoes
les souliers de course

underpants
le caleçon

jeans
le jeans

dress
la robe

cardigan
le gilet

skirt
la jupe

socks
les chaussettes

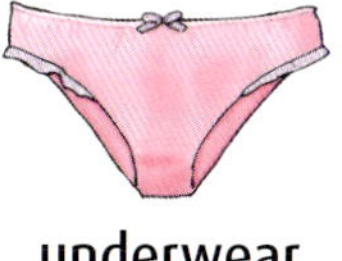
underwear
la culotte

bath robe
le peignoir

pyjamas
le pyjama

nightdress
la chemise de nuit

slippers
les pantoufles

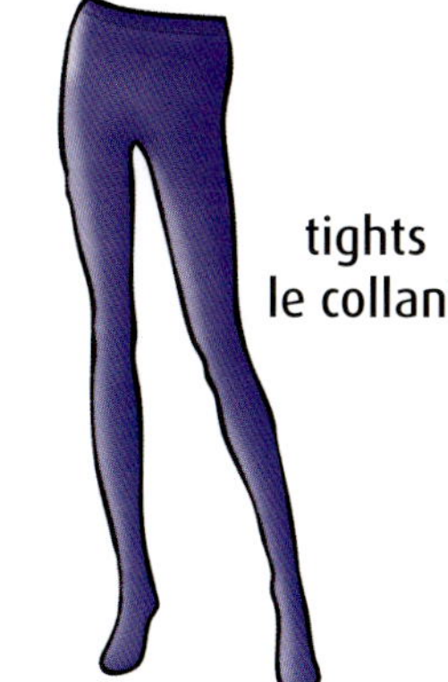
tights
le collant

sandals
les sandales

bikini
le bikini

Street
La rue

bus
l'autobus

building
l'immeuble

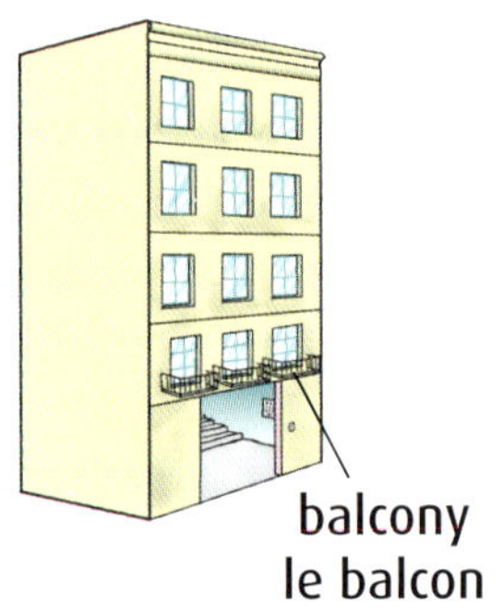

balcony
le balcon

house
la maison

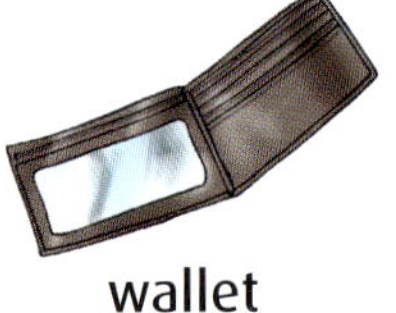

wallet
le portefeuille

handbag
le sac à main

walking-stick
la canne

bell
la sonnette

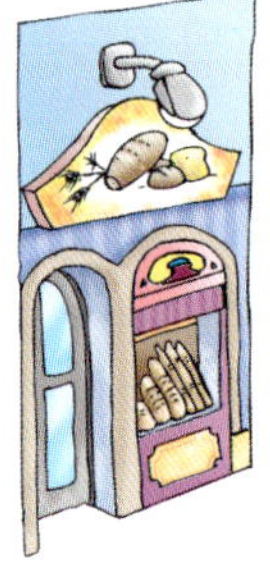

bakery
la boulangerie

bookshop
la librairie

pharmacy
la pharmacie

restaurant
le restaurant

poster
l'affiche

garbage truck
le camion à ordures

van
la camionnette

bicycle
le vélo

fire truck
le camion de pompier

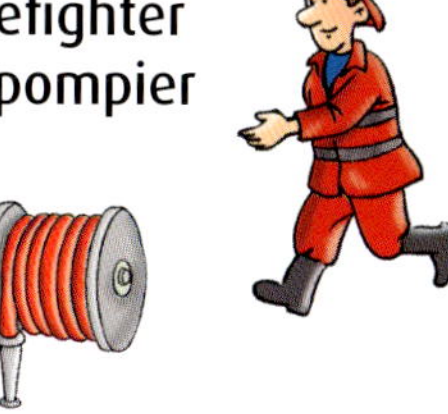

firefighter
le pompier

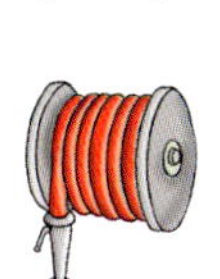

fire hose
le boyau d'incendie

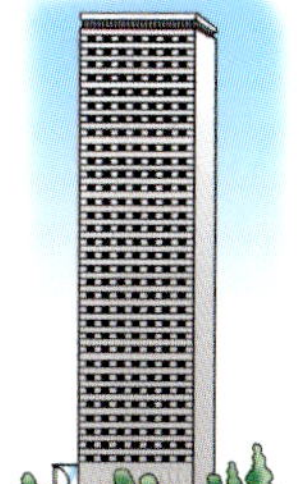

skyscraper
le gratte-ciel

streetlight
le réverbère

tree
l'arbre

policeman
le policier

mailbox
la boîte aux lettres

statue
la statue

tram
le tramway

umbrella
le parapluie

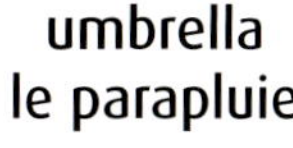

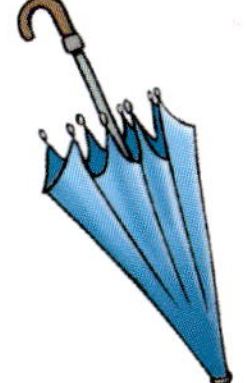

stamp
le timbre

envelope
l'enveloppe

Musical Instruments
Les instruments de musique

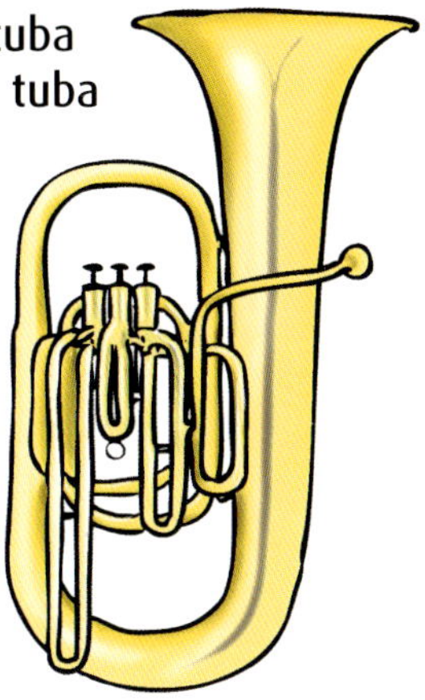

tuba
le tuba

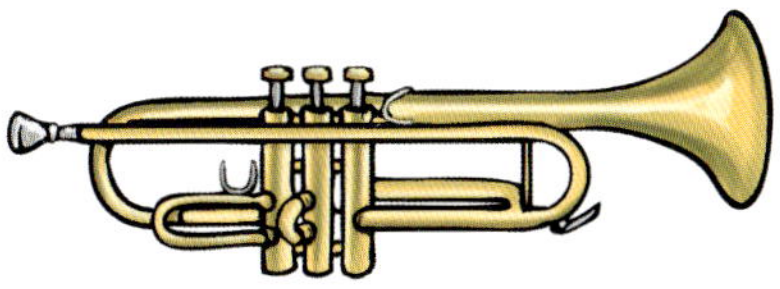

trumpet
la trompette

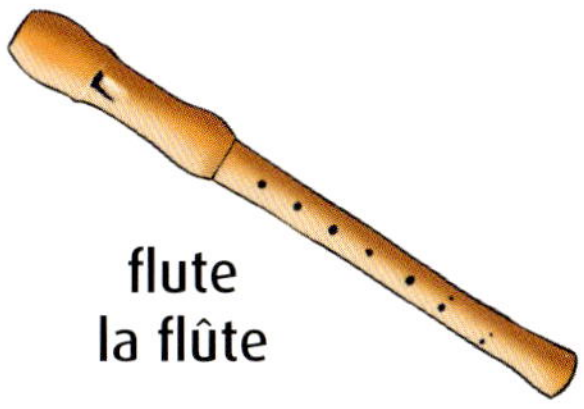

flute
la flûte

trombone
le trombone

clarinet
la clarinette

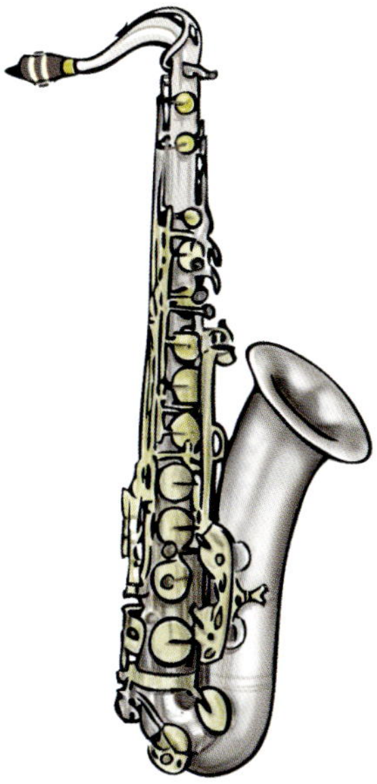

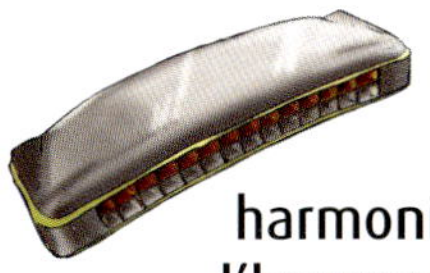

harmonica
l'harmonica

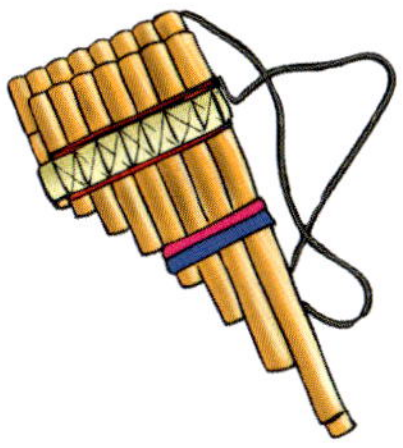

pan pipe
la flûte de Pan

saxophone
le saxophone

drum
le tambour

tambourine
le tambourin

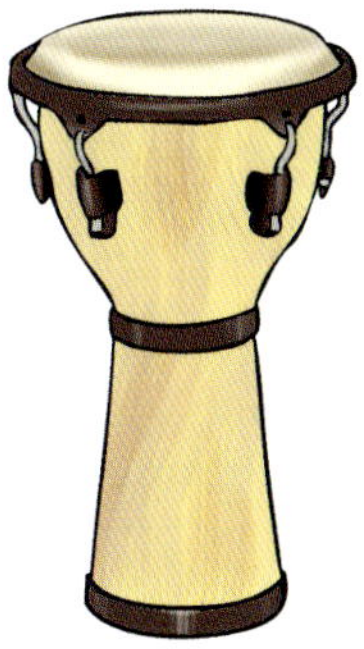

djembe
le djembé

drum kit
la batterie

School
L'école

paintbox
la boîte de peinture

calendar
le calendrier

snake
le serpent

eraser
la gomme à effacer

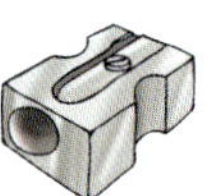

pencil sharpener
le taille-crayon

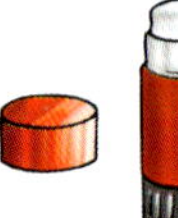

glue
la colle

scissors
les ciseaux

drawing
le dessin

compasses
le compas

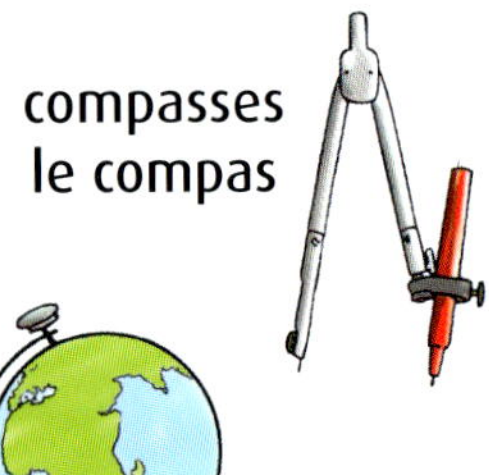

terrestrial globe
le globe terrestre

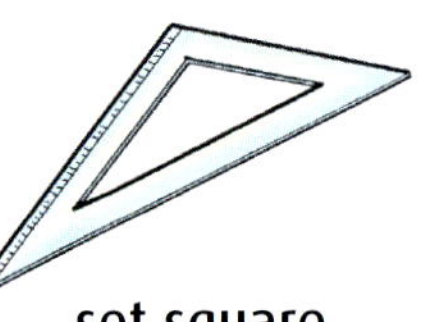

set square
l'équerre

pastels
les pastels

schoolbag
le sac d'école

door
la porte

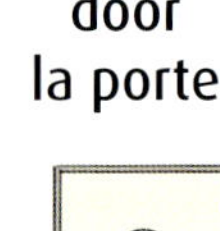

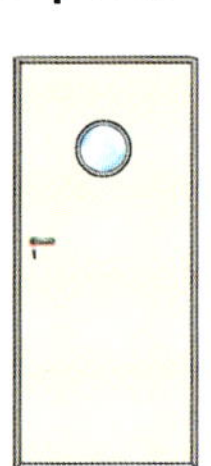

window
la fenêtre

lizard
le lézard

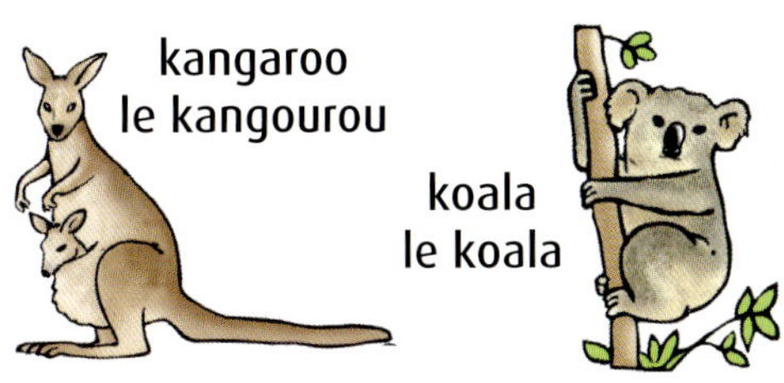

kangaroo
le kangourou

koala
le koala

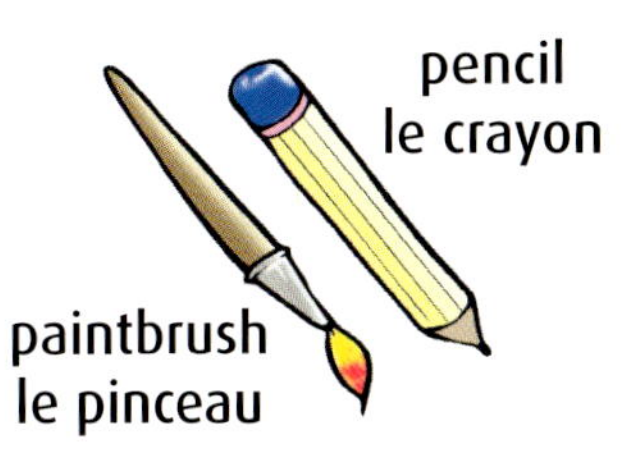

paintbrush
le pinceau

pencil
le crayon

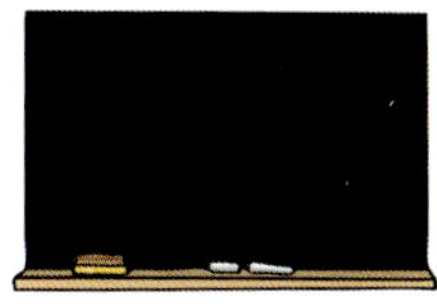

blackboard
le tableau noir

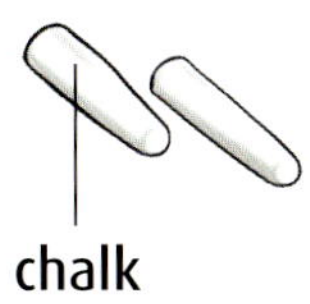

chalk
la craie

cushion
le coussin

chair
la chaise

pencil case
l'étui à crayons

body
le corps

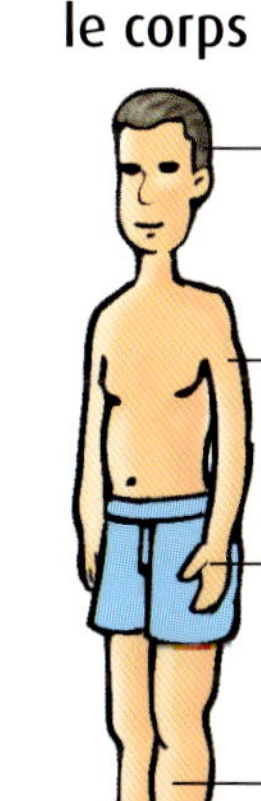

head
la tête

arm
le bras

hand
la main

leg
la jambe

foot
le pied

tissue
le mouchoir

notebook
le cahier

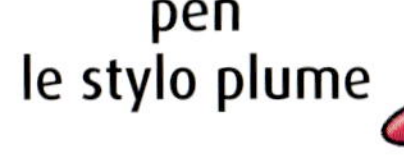

pen
le stylo plume

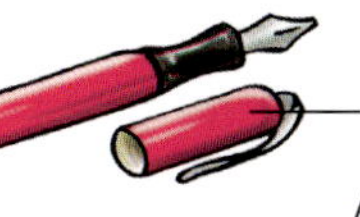

cap
le capuchon

marker
le feutre

ruler
la règle

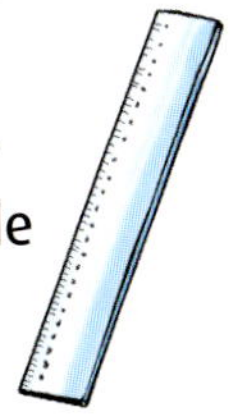

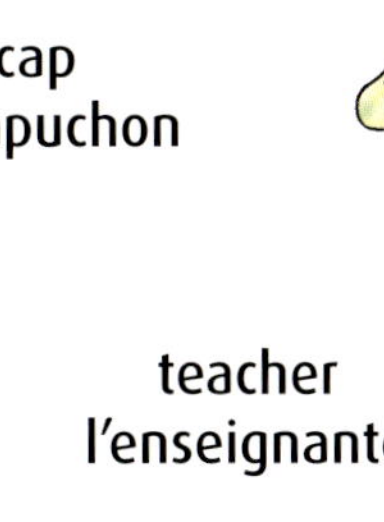

teacher
l'enseignante

Jobs
Les métiers

singer
la chanteuse

conductor
le chef d'orchestre

actor
le comédien

data processor
l'informaticienne

electrician
l'électricien

plumber
le plombier

postman
le facteur

lawyer
l'avocate

carpenter
le menuisier

painter
le peintre

florist
la fleuriste

gardener
le jardinier

hair dresser
le coiffeur

dressmaker
la couturière

shoemaker
le cordonnier

locksmith
le serrurier

paramedic
l'ambulancier

pharmacist
le pharmacien

vet
la vétérinaire

bus driver
le chauffeur d'autobus

dentist
la dentiste

supermodel
la mannequin

archaeologist
l'archéologue

bookseller
la libraire

cook
le cuisinier

baker
la boulangère

waiter
le serveur

salesperson
le vendeur

mechanic
le mécanicien

photographer
la photographe

cameraman
le caméraman

shopping cart
le panier

Grocery Store
L'épicerie

sausage
le saucisson

pasta
les pâtes

bread
la baguette

pizza
la pizza

chicken
le poulet

cat food
les croquettes pour chats

pocket
la poche

bermuda shorts
le bermuda

purse
le porte-monnaie

bank card
la carte bancaire

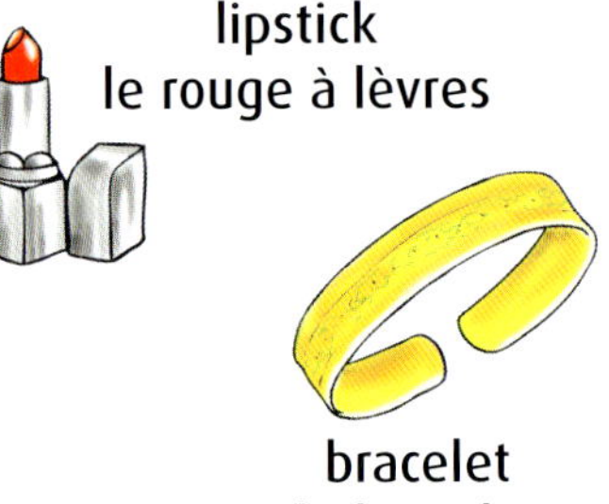

lipstick
le rouge à lèvres

bracelet
le bracelet

diamond
le diamant

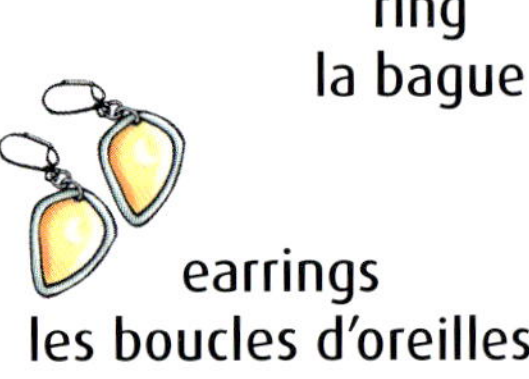

ring
la bague

earrings
les boucles d'oreilles

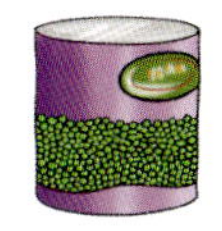

tin
la boîte de conserve

jam
la confiture

cheese
le fromage

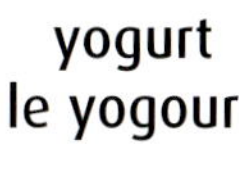

yogurt
le yogourt

rice
le riz

oil
l'huile

track suit
le survêtement

cereals
les céréales

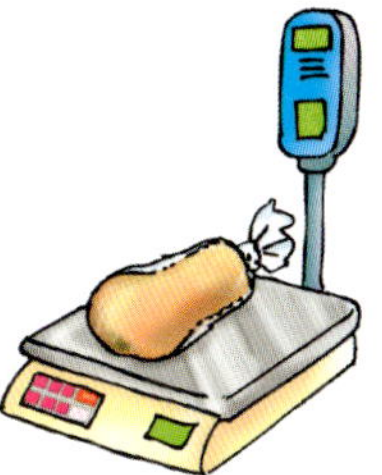

scale
la balance

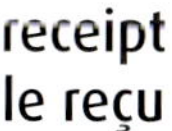

receipt
le reçu

cash register
la caisse enregistreuse

cashier
le caissier

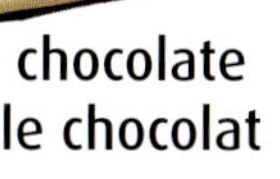

chocolate
le chocolat

chewing gum
la gomme à mâcher

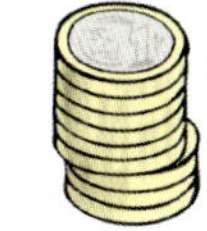

coins
les pièces de monnaie

banknotes
les billets de banque

Vegetable Garden
Le potager

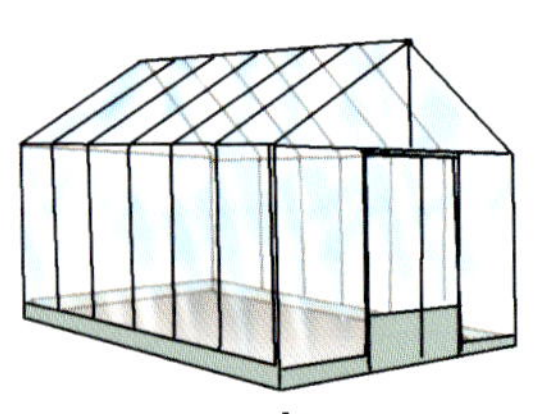
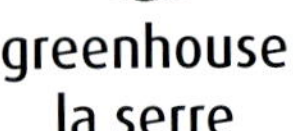

greenhouse
la serre

mole
la taupe

molehill
la taupinière

compost
le compost

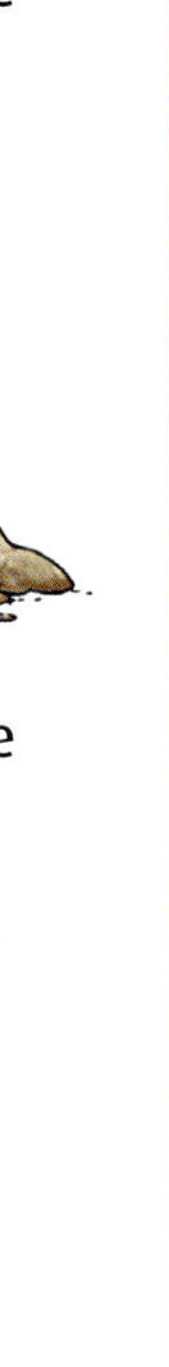

spade
la bêche

rake
le râteau

grass
l'herbe

parsley
le persil

garden hose
le tuyau d'arrosage

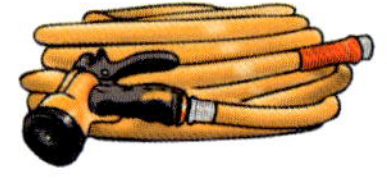

watering can
l'arrosoir

seed bag
le sachet de graines

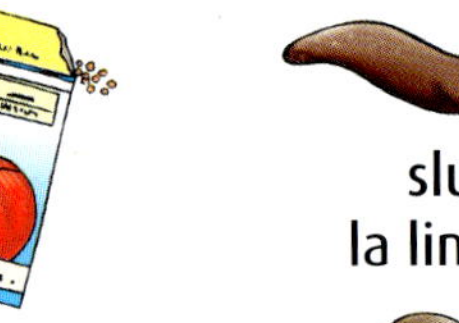

slug
la limace

snail
l'escargot

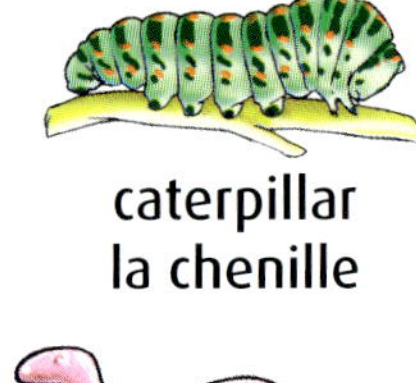

caterpillar
la chenille

worm
le ver de terre

tomato
la tomate

rhubarb
la rhubarbe

Vegetables
Les légumes

Garden
Le jardin

shed
la remise

bamboo
les bambous

garden gnome
le nain de jardin

secateurs
le sécateur

flower pot
le pot de fleurs

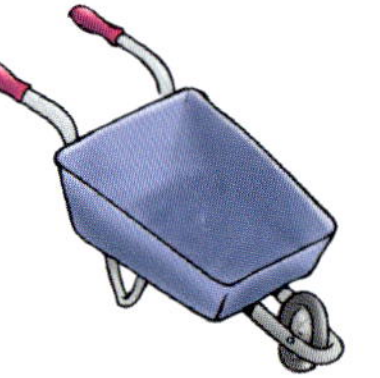

wheelbarrow
la brouette

hedge trimmer
le taille-haie

hedge
la haie

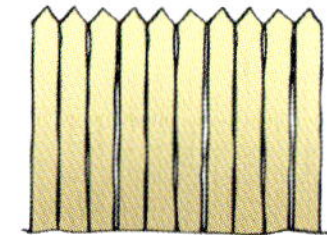

fence
la clôture

swimming pool
la piscine

sausages
les saucisses

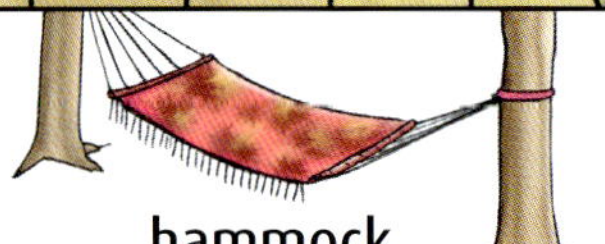

rosebush
le rosier

hammock
le hamac

lawn mower
la tondeuse à gazon

skewer
la brochette

barbecue
le barbecue

Flowers
Les fleurs

Fruit
Les fruits

bunch of grapes
la grappe de raisin

peaches
les pêches

pear
la poire

plums
les prunes

cherries
les cerises

apricots
les abricots

apples
les pommes

lemons
les citrons

limes
les limes

grapefruit
les pamplemousses

mandarins
les mandarines

oranges
les oranges

coconuts
les noix de coco

pineapple
l'ananas

melons
les cantaloups

watermelons
les melons d'eau

banana
la banane

passion fruit
les fruits de la passion

mangos
les mangues

papayas
les papayes

guavas
les goyaves

pomegranates
les grenades

kiwis
les kiwis

blueberries
les bleuets

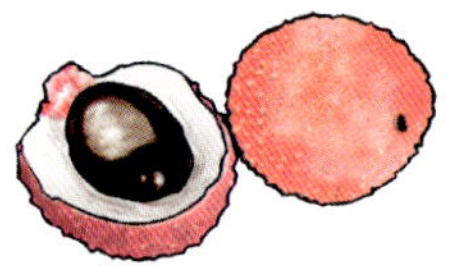

lychees
les litchis

raspberries
les framboises

strawberry
la fraise

blackcurrants
les cassis

redcurrants
les groseilles

blackberry
la mûre

dates
les dattes

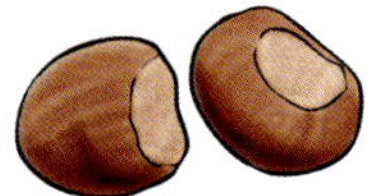

hazelnuts
les noisettes

pistachios
les pistaches

peanuts
les arachides

almonds
les amandes

walnut
les noix de
Grenoble

figs
les figues

Index

Français	Anglais	Page
bol	bowl	31
bonbon	candy	24
bonhomme de neige	snowman	7
bonnet de douche	bathing cap	32
botte	boot	17
boucle d'oreilles	earring	58
bouée de sauvetage	lifesaver	38
bougie	candle	24
boulangère	baker	57
boulangerie	bakery	50
boule de cristal	crystal ball	34
boulier	abacus	34
boulon	bolt	35
bouquetin	ibex	6
bourdon	bumblebee	19
bouteille	bottle	31
bouton d'or	buttercup	63
boxe	boxing	41
boyau d'incendie	fire hose	51
bracelet	bracelet	58
bras	arm	55
brique	brick	45
brochette	skewer	62
brocoli	broccoli	61
brosse	brush	33
brosse à cheveux	hairbrush	32
brosse à dents	toothbrush	32
brouette	wheelbarrow	62
buanderie	laundry room	33
bûche	log	4
bûcheron	woodcutter	4
buffle	African buffalo	14
buisson	bushes	5
bulldozer	bulldozer	45
bureau	desk	29
bureau	study	29
cabane	log cabin	13
cabine de plage	beach hut	38
cadeau	gift	24
cadre	picture frame	28
cage	birdcage	27
cahier	notebook	55
caisse enregistreuse	cash register	59
caissier	cashier	59
caleçon	underpants	49
calendrier	calendar	54
caméléon	chameleon	12
caméra	camera	21
caméraman	cameraman	57
camion	truck	44
camion à benne	dump truck	45
camion à ordures	garbage truck	51
camion de pompier	fire truck	51
camion-citerne	tanker truck	43
camionnette	van	51
camion malaxeur	concrete mixer truck	45
campagne	countryside	10
campagnol	vole	5
canapé	sofa	27
canard	duck	11
canari	canary	20
caneton	duckling	11
canette	can	47
caniche	poodle	36
canne	walking-stick	50
canne à pêche	fishing rod	11
canot de secours	lifeboat	42
canot pneumatique	inflatable boat	39
cantaloup	melon	64
cape	cloak	34
capuchon	cap	55
capucine	monk cress	63
carafe	pitcher	31
carotte	carrot	61
carrousel	merry-go-round	37
carte bancaire	bank card	58
carte d'anniversaire	birthday card	24
casque	hard hat	45
casquette	cap	39
casserole	saucepan	31
casse-tête	puzzle	25
cassis	blackcurrant	64
castagnettes	castanets	52
catamaran	catamaran	42
ceinture	belt	49
céleri	celery	61
céleri-rave	celery root	61
centaurée bleue	cornflower	63
cerceau	hoop	36
cerceau	Hula Hoop	48
céréales	cereals	59
cerf	stag	5
cerf-volant	kite	38
cerise	cherry	64
chacal	jackal	16
chaise	chair	55
chaise berçante	rocking chair	34
chaise pliante	beach chair	39
chalet	chalet	6
chambre à coucher	bedroom	28
chambre d'enfant	child's room	25
chamois	chamois	6
champignon	mushroom	5
chandail	pullover	49
chanteuse	singer	56
chantier de construction	building site	45
chapeau	hat	13
chapiteau	big top	36
chariot	tray	46
chasse-neige	snowplough	7
chat	cat	25
château	castle	22
château de sable	sand castle	38
chauffeur d'autobus	bus drive	57
chaussette	sock	49
chaussons	booties	22
chaussure de randonnée	hiking boot	13
chef d'orchestre	conductor	56

Français	Anglais	Page
chemise	shirt	13
chemise de nuit	nightdress	49
chenille (animal)	caterpillar (animal)	60
chenille (véhicule)	caterpillar (vehicle)	45
cheval	horse	8
cheval à bascule	rocking horse	22
cheval à ressort	spring rider	48
chevalier	knight	22
chèvre	goat	9
chevreuil	deer	5
chocolat	chocolate	59
chou de Bruxelles	Brussels sprout	61
chou	cabbage	61
chouette	owl	20
chou-fleur	cauliflower	61
cible	target	26
cigale	cicada	19
cigogne	stork	20
cintre	hanger	28
cirque	circus	36
ciseaux	scissors	54
citron	lemon	64
citrouille	pumpkin	61
civière	stretcher	46
clapier	hutch	9
clarinette	clarinet	53
classeur	ring binder	29
clavier	keyboard	29
clé	key	35
clé à molette	monkey wrench	35
cloche	bell	8
clôture	fence	62
clou	nail	35
clown	clown	36
cobra	cobra	16
coccinelle	ladybug	19
cochon	pig	8
coffre à jouets	toyboy	25
coiffeur	hairdresser	56
coiffeuse	dressing table	28
colibri	hummingbird	12
collant	tights	49
colle	glue	54
collier	necklace	14
combinaison de ski	ski suit	7
combinaison spatiale	space suit	21
comédien	actor	56
comète	comet	21
commode	dresser	28
compas	compasses	54
compost	compost	60
concombre	cucumber	61
condor	condor	20
confetti	confetti	24
confiture	jam	59
console de jeux vidéo	video game console	26
conteneur	container	42
contorsionniste	contortionist	36
coq	rooster	8

Français	Anglais	Page
coquelicot	poppy	63
coquillage	shell	38
corail	coral	18
corbeau	crow	10
corbeille à papier	wastepaper bin	29
corde	rope	13
corde à danser	skipping rope	48
cordonnier	shoemaker	56
cornemuse	bagpipes	52
cornet de crème glacée	ice cream cone	47
cornichons	pickle	61
corps	body	55
couche	diaper	23
courgette	courgette	61
couronne	crown	24
course à pied	running	41
coussin	cushion	55
couteau	knife	30
couturière	dressmaker	56
couverture	blanket	23
crabe	crab	18
cracheur de feu	fire-breather	36
craie	chalk	55
crapaud	toad	11
cravate	tie	49
crayon	pencil	55
cric	jack	35
crocodile	crocodile	12
croquettes pour chats	cat food	58
cube	cube	23
cuillère	spoon	30
cuisine	kitchen	30
cuisinier	cook	57
culotte	underpants	49
cyclisme	cycling	40
cygne	swan	11
cymbale	cymbal	53
danse	dance	40
datte	date	64
dauphin	dolphin	18
dé	dice	26
dentifrice	toothpaste	32
dentiste	dentist	57
désert	desert	16
dessin	drawing	54
détergent à lessive	laundry detergent	32
diamant	diamond	58
dictionnaire	dictionary	29
dindon	turkey	9
disque volant	Frisbee	38
djellaba	djellaba	16
djembé	djembe	53
docteur	doctor	46
douillette	duvet	28
drapeau	flag	6
dromadaire	dromedary	16
dune	dune	16
échafaudage	scaffolding	45
échelle	ladder	13

Français	Anglais	Page
système de son	sound system	27
table	table	31
tableau	painting	28
tableau noir	blackboard	55
tablette	tablet	26
tablier	apron	30
tabouret	stool	28
taille-crayon	pencil sharpener	54
taille-haie	hedge trimmer	62
tambour	drum	53
tambourin	tambourine	53
tamis	sieve	38
tapir	tapir	13
tapis	carpet	27
tapis de jeu	playmat	22
tarentule	tarantula	13
tasse	cup	29
tatou	armadillo	13
taupe	mole	60
taupinière	molehill	60
taureau	bull	8
tee-shirt	tee-shirt	49
télécommande	remote control	27
téléphérique	cable car	7
téléphone	phone	29
téléphone cellulaire	mobile phone	43
télescope	telescope	21
télésiège	chairlift	7
télévision	television	27
tennis	tennis	40
tennis de table	table tennis	40
tente	tent	16
termite	termite	14
termitière	termite mound	14
Terre	Earth	21
tête	head	55
tête de mort	skull and crossbones	37
théière	teapot	30
thermomètre	thermometer	46
timbre	stamp	51
tire-bouchon	corkscrew	31
tirelire	piggy bank	25
toile d’araignée	spiderweb	34
toise	growth chart	22
tomate	tomato	60
tondeuse à gazon	lawn mower	62
tongs	Flip-flops	38
tonneau	barrel	11
tortue marine	sea turtle	18
Touareg	Tuareg	16
toucan	toucan	13
toupie	spinning top	23
tour de contrôle	control tower	43
tournesol	sunflower	10
tournevis	screwdriver	35
tourniquet	merry-go-round	48
tracteur	tractor	9
train	train	44
train électrique	electric train	25
traîneau	sled	7
trampoline	trampoline	48
tramway	tram	51
trapèze	trapeze	36
trapéziste	trapezist	36
triangle	triangle	52
tricycle	tricycle	22
trombone	paperclip	29
trombone	trombone	53
trompette	trumpet	53
trottinette	scooter	47
truelle	trowel	45
tuba	snorkel	39
tuba	tuba	53
tulipe	tulip	63
tuque	toque	49
tuyau d’arrosage	garden hose	60
tyrolienne	zip-line	48
ultra-léger motorisé	microlight	44
uniforme	uniform	43
vache	cow	8
valise	suitcase	43
vase	vase	27
vautour	vulture	14
veau	calf	8
veilleuse	night light	25
vélo	bicycle	51
vendeur	salesperson	57
ventilateur	fan	34
ver de terre	worm	60
ver luisant	glow-worm	19
verre	glass	31
veste	jacket	49
vêtements	clothes	49
vétérinaire	vet	57
violon	violin	52
violoncelle	cello	52
vis	screw	35
voilier	sailboat	39
voiture	car	35
voiture téléguidée	remote controlled car	26
volley-ball	volleyball	41
water-polo	water polo	41
xylophone	xylophone	26
yacht	yacht	42
yogourt	yogurt	59
yo-yo	yo-yo	26
zèbre	zebra	15
zeppelin	zeppelin	44